“英雄中国”大型系列丛书

连云港卷编委会

海古神幽：连云港

Lianyungang

陈 武著

中国青年出版社

（京）新登字083号

图书在版编目（CIP）数据

海古神幽：连云港/陈武著.－北京：中国青年出版社，2008
(英雄中国大型系列丛书)
ISBN 978-7-5006-8337-7

Ⅰ.海… Ⅱ.陈… Ⅲ.社会主义建设－成就－连云港市Ⅳ.D619.533

中国版本图书馆CIP数据核字(2008)第131882号

作　　者：陈　武
总 策 划：张景岩
总 编 辑：续文利
责任编辑：熊耀冬
图片摄影：许金方
装帧设计：瞿中华
出版发行：中国青年出版社
社　　址：北京东四十二条21号
邮　　编：100708
网　　址：www.cyp.com.cn
营销中心：010－84039659
编辑电话：010－64034340
印　　刷：北京方嘉彩色印刷有限责任公司
经　　销：新华书店
规　　格：700 × 1000　1/16
印　　张：15.25
字　　数：165千字
初　　版：2008年9月北京第1版
印　　次：2008年9月北京第1次印刷
定　　价：65.00元

“英雄中国”大型系列丛书
出 版 说 明

一九七八年，中国共产党召开具有重大历史意义的十一届三中全会，开启了改革开放的历史新时期。从那时起，中国人民开始告别贫穷，告别羸弱，在“振兴中华”的号角声中，阔步走上富民兴邦的光明大道。胡锦涛总书记在中共十七大报告中，全面深刻地论述了改革开放的伟大历史进程，将改革开放以来我们取得的一切成绩和进步的根本原因归结为：开辟了中国特色社会主义道路，形成了中国特色社会主义理论体系。

为纪念我国实行改革开放政策三十周年，贯彻十七大精神，中国青年出版社策划出版了“英雄中国”大型系列丛书，通过一组城市三十年的发展历程和新旧对比，反映三十年来中国改革开放的伟大实践，总结建设中国特色社会主义的经验，以科学发展观审视三十年来的改革开放道路，为解放思想、建设和谐社会提供经验。

“英雄中国”大型系列丛书的城市选择遵循以下原则：一、经过三十年的改革开放探索和实践，城市面貌发生了翻天覆地的变化 形成了独有的特色和发展模式；二、该城市在改革开放历史中具有典型性和推广意义；三、注意地区平衡和城市发展模式的多样性。整套丛书力求反映中国改革开放在各个层面的影响——从东部沿海改革开放的前沿，到西部民族地区、中部中原崛起的城市、东北和华北的老工业基地，本丛书都有其典型代表。

每本书主要围绕下列内容展开：一、改革开放三十年来的探索和实践历程。改革开放之初城市的社会发展状况，面临的机遇和挑战，以及治市方略（方针、政策、发展方向）的确立。重点描述该市的地区优势（核心竞争力、发展模式）的探索和形成过程，诸如其间发生的标志性事件，所做的重大决策，出现的代表单位或人物。地区优势的形成对社会其他方面的带动。二、城市特色和成就展示。该市特有的自然人文景观：政治、经济、文化、教育、体育、旅游、风土民情等方面的事物、景观、单位、人物、民俗等。

希望这套大型纪实文学丛书能够成为读者了解三十年改革开放伟大成就的媒介，成为一张张风格迥异的城市名片。

中国青年出版社

二〇〇八年八月

谨以此书献给

改革开放三十周年

目　录

序

中共连云港市委书记　王建华

连云港，一座山、海、城、港相依相拥的城市，地处中国万里海疆的中部。在神话小说里被描述为东胜神洲，历史学家称为东海名郡，考古学家定为东夷部落的典型区域，人类学家称为环太平洋沿海人类文明的开拓者之一，而在文学家的眼里又是神奇与浪漫之都。她是新亚欧大陆桥的东方桥头堡、中国首批沿海开放城市、《西游记》文化发源地、中国优秀旅游城市、中国水晶之都。独特的地理区位、丰富的历史文化、别样的山海风情集于一身，共同昭示着这个城市特有的精神气质。

几百万年来，由于亚欧大陆板块和太平洋板块的漂移，连云港这片土地经历了沧海桑田的变化，因此成为科学家研究我们生存的地球的典型区域，被称为“入地工程”的中国大陆科学钻探工程——亚洲第一科钻深井入地五千多米探索“地球之心”。连云港一度是古黄河的入海口，自南宋建炎至清咸丰，七百年的黄河夺淮的泥沙淤积，将海岸向前推进了一百二十公里。就是在二百年前，这里还是一片潮起潮落的近海海域。经过一百多年的开发建设，由一个小小渔村发展成为一个美丽的海滨城市。地质运动和地理变迁使连云港不断走向大海，充分显示了大自然的非凡力量。

神秘的自然奇观使与此相联的历史文化也呈现出非同一般的意蕴，连云港充满灵性的山山水水孕育了辉煌灿烂的文明。东海大贤庄、锦屏桃花涧旧石器遗址的发现，将连云港的历史推到两万年前。将军崖岩画不仅是中国最早的东夷先民的祭坛，还是六千年前中国东南沿海第一个观天测象台。中云藤花落遗址作为四千五百年前龙山文化的遗存，推现了中国最早的鸟国—羲和之国都邑的形象。少昊诞生、后羿射日、鲧窃息壤、舜葬苍梧、精卫填海等原生神话，让这里洋溢着浓郁的神奇浪漫色彩。中国考古学界的泰斗苏秉琦先生有言：中华文明并非单一起源于黄河流域，当浙江河姆渡文化遗址、连云港将军崖岩画公诸于世，黄河文明、长江文明和海洋文明一起成为中国主流文明的三大板块，向世人展示了中国古代文明的多姿多彩。在随后的几千年间，商周的民族融合，秦代的立石东门和徐福出海，汉代的朐县初设和佛道交融，南北朝的海州府设置，隋唐的频繁海外经济交往，明清时期的盐业经济和《西游记》《水浒传》《镜花缘》《儒林外史》等名著文化都可谓是星光灿烂、蔚为大观。这些都说明，连云港蔚蓝色血管里流淌的是滚烫的血液，她的身上蕴藏着饱满的生命情愫，她绝不是一个甘于平凡的城市。

连云港在当今经济地理版图上有着非同寻常的位置。新亚欧大陆桥东端起点在连云港，自此向西横贯欧亚大陆。连云港东与日本、韩国隔海相望，一衣带水。连云港处于中国万里海疆的脐部，北翼是环渤海经济带和山东半岛城市群，南翼是长江三角洲经济带，身后是中国非常重要的铁路大动脉陇海—兰新线。经济学界认为，中国经济呈现Л形布局，上面的一横是沿海经济带，左边的一撇是陇海兰新经济带，右边的一竖是长江经济带。三条经济带有两个战略结合部，一个是上海，为沿海经济带和长江经济带的结合部；另一个是连云港，为陇海兰新经济带和沿海经济带的结合部。应该说，无论站在全球、东亚，还是中国、江苏等不同区域层面上看，连云港都是十分重要的节点城市。

连云港的特殊地理位置让人们对她充满期待。从孙中山先生的建国方略到新中国成立后国家港口建设的布局，再到确定沿海开放城市、以及国家21世纪议程，连云港都被放在了十分重要的位置上。近年来，党中央、国务院和江苏省委、省政府从促进区域协调发展的战略高度，对连云港给予了前所未有的关注与重视。党的十七大期间，胡锦涛总书记在参加江苏代表团讨论时指出，"连云港的位置重要，是涉及全局的问题。连云港的建设不仅要看到附近的几个省，中亚国家也关注欧亚大陆桥"，还强调"连云港地理位置有优势，要好好发展"。2007年元旦，温家宝总理视察连云港时指出，"连云港南连长三角，北接渤海湾，隔海东临东北亚，又通过陇海铁路西连中西部地区以至中亚，是连接南北、沟通东西的纽带，在我国区域经济协调发展中具有重要战略地位。"2008年5月，国务院专题召开总理办公会研究江苏沿海开发，原全国政协副主席钱正英院士组织二十馀名院士编制出江苏沿海开发战略研究报告提交国务院研究讨论，报告中就连云港在江苏沿海开发及国家生产力布局中的重要战略位置、如何发挥好连云港的综合优势布点重大产业、以什么样的形式把连云港纳入国家战略层面等关键性问题，进行了着重阐述。这些都把连云港摆上了带动更大区域发展的战略高度，提升了连云港的战略定位，赋予连云港以重大使命，给连云港带来了发展振兴的历史机遇。

在党和国家领导人的亲切关怀下，连云港市广大干群在历史的关键时期，毅然决然地调整发展思路，修订战略规划，坚持战略东进，拥抱大海，谱写出一曲美轮美奂的蓝色畅想曲。按照建设国际性的海滨城市、现代化的港口工业城市和山海相拥的知名旅游城市的发展定位，形成了"一心三极"的城市格局，"一体两翼"的港口框架，"一纵一横"的产业走廊。这是在努力探求一条科学发展观指导下的跨越发展之路，探求一个面向未来的发展模式，其重点是推动港口、产业和城市向高端化发展。在港口发展上，把港口作为全市发展的重要依托，按照"一体两翼"的港口布局，加快建设集装箱优先发展的亿吨大港、青岛和上海之间最重要的干线大港和带动区域发展的组合大港。在产业发展上，坚持走新型工业化道路，在沿东陇海线和一百七十六多公里的海岸线上展开生产力布局，大力发展新能源、新材料、新医药等高新科技产业和关联度大、带动力强的临港产业，形成沿线和沿海两大产业走廊。在城市发展上，连云港市将充分保护好自身具有的森林、湿地、海洋三大生态系统，坚持以生态的理念打造城市，建设一个大尺度、生态型、面向未来的、可持续发展的海滨城市。

连云港，昨日已神奇，明天更壮美。

2008年8月于连云港

第一章
山音海韵

连云港是一座古老的城市。

亚欧大陆和太平洋板块的挤压碰撞，在这块土地上，曾发生了数十度沧海桑田的海陆变迁。

守望在黄海岸边的莽莽云台山，时而被烟波浩渺的大海淹没，时而又挺立在蜿蜒曲折的海岸线上。

在这块神奇而美丽的土地上，曾诞生了精卫填海、殛鲧羽山、舜葬花梧等充满了浪漫色彩的神话故事，更有传诵千古的浪漫主义小说《西游记》《镜花缘》的横空出世。

连云港又是一座年轻的城市，一座青春的城市，一座浪漫的城市，一座充满灵性的城市，它的色彩是蔚蓝的，它的皮肤是葱绿的，它流动的血液，也是充满着张力的鲜红色——滚滚烫烫，热热烈烈，朝气蓬勃。

著名作家赵本夫先生说："连云港几乎是一座虚构的城市，或者说，它更像一座海市蜃楼。它背靠大山，面向大海，像一位翩翩少年，永远在想象和憧憬……充盈着生命的活力。连云港是另一种人间，弥漫在这片土地上的文化很少有烟火气，更多的是野气、神气、仙气……连云港有浩瀚的大海，迷人的海滩，有神奇的水晶，古奥的岩画，以及关于海盗、神路、徐福渡海求仙等等无数美丽的传说。就是连云港这名字本身，也有放马走天的遐想。"

海蚀岩

一、海之恋

那是很久以前了，看过一部电影，画面一出来，是浪花滚滚、惊涛裂岸的大海，一群少年在海水里嬉戏，他们光着屁股，挽着手臂，并肩向大海狂奔而去，卷起的滔滔海浪从天而降，劈头盖脸地淹没了他们。当他们再浮出海面，转身向岸边冲来时，他们已经从少年变成了青年——当然，这只是电影的特技镜头，但是，从中也说明，时间，就在一个海浪中，走过了多少年。

海，是连云港的神韵，也是连云港的光环，更是连云港的母亲。

其实，连云港就是一座从大海中崛起的城市。

看看云台山上不同海拔留下的海蚀洞、海蚀柱、海蚀龛、海蚀平台吧，比比皆是，随处可见，而且特别的鲜活耀眼，就像海潮刚刚退去，在海拔十米、二十米、三十米甚至一百米、二百米、五百米的地方，都有这些海水侵蚀的遗迹，那些和大海伴生的牡蛎壳，

海滨

虽然已经风化成白色，却仿佛还有生命在跃动，仿佛听到海浪拍打礁石的轻鸣。

2001年，中央电视台“万里海疆”摄制组在连云港拍摄专题片，当他们在羊山脚下，看到千姿百态的海石奇观时，赞不绝口，连连称奇。这些走南闯北、见过无数大世面的记者们，一叠连声地说：“走遍祖国的海岸，还真没见过这样的奇景。”

——从山脚下的海平面到三十六米高的山顶，海蚀洞密密麻麻地布满全山，许多洞口，在海浪的长年撞击、冲刷下，变得花样万千，有的龇牙咧嘴，有的形状古怪，或让人望而生畏，或让人忍俊不禁，用鬼斧神工来形容毫不为过。

在被海潮不断亲吻的山脚，有几平方公里的岩滩，高低不平的岩滩上，一个挨一个布满了大大小小的圆洞，细细观看，这些圆洞居然还有规则，或散落有致，像天上的星座，或排成纵队，若刻意雕成，而更多的岩洞则呈现出超现实主义的构图来。

羊山脚下，原有一座龙王庙，庙的基座，就在临海的石壁上。庙宇虽毁，题刻尚在，这是清代两江总督、兵部尚书陶澍的题记，曰：“大清道光十五年四月二十六日，余以阅兵东海，遂登高公岛眺望。时午潮正上，海风不起，鸥鸟千百，回翔水面，令人飘飘然

有振衣千仞、濯足万里之慨。”这位陶尚书看来很有远见，对高公岛至羊山的军事战略地位十分看重，视察之馀还不忘题字勒石。

而在陶公之前，嘉庆年间的海州知州唐仲冕，则更多注重潮起潮落的沧桑变化，写了一首《重九登高公岛望海》，诗云：“登高须登海上山，望远须望海边天。山不在高高临海，海不必远天无边。云台之北高公岛，海水平低天亦小。岛内沙田日日增，海中之水年年少。”这位知州看来雅兴不小，这恐怕也是这里独特的海岩奇观引出的吧。

不远处柳河的“文笔峰”和田湾的“万卷书”，也都是文人雅兴的产物，前者那形似笔峰一样的山体，正是“海陆交蒸使焉”，是岩石风化，受海水不断冲刷而形成的；“万卷书”则是片麻岩中的片麻理构成，经海浪日日冲洗，一页一页酷似一本本书页了。有了这些书房的“宝物”，难怪历代文人都要登临而一望啊。

如果说，海山相恋，造成云台山地区奇异的山体构造，成就了如今美丽的自然景观，那么，秦山岛正在发生的沧桑之变，更是这一景观的重现和升华。

——秦山岛在烟波浩渺的海州湾里，海拔只有五十五米高。别看岛不大，也没有常住人口，名头却不小啊，公元前210年，秦始皇第四次出巡。回程中，从江乘（今句容）渡过长江，沿海岸北上去琅琊，经朐山（今连云港），东望沧海，见海中有一青山时隐时现，便问，这是什么山？随从答道，这是神山。并讲述了山上时常出现的蜃景和神话。秦始皇想起他第二次出巡过琅琊时，有齐国方士上书，说海中有蓬莱、方丈和瀛洲三座神山，山上有黄金白银造的宫殿，住着专炼长生不老丹的仙人。秦始皇深信不疑，派徐福带领童男童女数千人，出海寻求仙药，费时近十年。仙药没有找到，徐福也不见了踪影。

秦始皇听说此山是神山，想上去看看，远眺大海，观观日出。可海深浪急，上不去，怎么办？“秦始皇作石桥于海上，欲过海观日出处。有神人能驱石下海，石去不速则鞭之，皆流血。”（《述异记》）这个传说太神奇了，但这条“神路”和“秦山岛”（意为秦始皇登过的岛）却真的留了下来。

神路在岛和陆地之间，每天潮起潮落时，神路也两度时隐时现。潮起之时，十里神路便寄身海底了。这时候，近岛路段涌浪轻推，水下卵石隐约可见，浪推石动，石动浪涌，不知是石推起了浪，还是浪推动了石。那些圆滚滚的卵石，就像一颗颗大小不等的珠玉在海水里来回移动，景象奇特，美妙无比。

待到潮水渐渐退去，海水划动着卵石，打着水花，先是羞羞答答的，倏忽地，一条神路露出水面了。游人踏水上路，追鱼捉蟹，忘情嬉戏，不小心踩滑，跌个仰八叉，也是快乐的。神路不宽，宽处十馀米，窄处只有一两米，两边都是浪花轻涌的海，唯这条神路特立独行。夏秋之季，神路上常有“海市蜃楼”，只见藻气蒸腾，雾霭迷漫，奇异而又生动的画面半浮于远处的山海间，但见山川林木，亭台楼榭，人物鸟兽，村舍古刹，高楼街道，皆成黛色，层次分明，渐成渐逝，似真似幻。游人仿佛置身于瑶池仙境。当年秦始皇路经此地，也不过观此景色吧。

神路上的卵石大如石枕、石鼓，小的如鸡蛋、鸽蛋，色彩纷呈，晶莹剔透，似石似玉，十分迷人，大凡路过者，无不俯拾忘返，视若至宝。《扬子江》诗刊的主编徐明德先生，就曾在神路上捡到一块迷人的石头，上有两位下棋的老仙，一时间传为佳话。

而与围棋更有关的是，在神路的东侧，有一个“棋子湾”。此处的卵石大小都酷似棋子，而且黑白分明。当年，秦始皇与徐福在这里下过棋，对弈用的棋子，就是棋子湾的卵石。徐福东渡时，就把这盘棋带上了。徐福到了日本之后，围棋就在日本得到了传播。据说，北京有一名棋友，为了捡拾一副天然的围棋，在棋子湾勾留数十日，反复筛选，终于捡得一副红白分明的棋石，只是，黑色的棋子由红色替代而已。

有人会问，这美丽的神路，是怎么产生的呢？

先来看看秦山岛上的“三大将军”。所谓三大将军，就是三个巨大的海蚀柱。远看，这三个大石柱，巍峨壮观，似神力造就，令人生畏。其实，造就三大将军的，正是“海神”、“风神”。

由于海州湾长年盛行东北风，涨潮又是东北流，秦山岛突出的东北角首当其冲。狂风巨浪形成排山倒海之势，再硬的岩体也经不住长年累月的拍击，只有步步后退。底部岩石一旦被淘尽，上部的岩柱就轰然倒塌，于是，这些倒下的岩石，就被海浪搬运，经万千年更迭，终于形成了神路。如今，三大将军已经倒下了一位，另二位也在风雨飘摇之中，说不定在某一天的飓风恶浪中，天崩地裂般地轰然倒塌。

关于秦山岛及其神路，历来都有文人墨客前来感怀，唐人孤独及留下《观海》一首，其中云：“……秦帝昔经此，登临异飞翻。扬旗百神会，望日群山奔。徐福竟何成，羡门徒空言。唯见石桥足，千年潮水痕。”李商隐也有一首《海上》：“石桥东望海连天，徐福空来不得仙。直遣麻姑与搔背，可能留命待桑田。”刘长卿在《登东海龙兴寺高顶望海简演公》里，也记录这样的句子：“……烟开秦帝桥，隐隐横残红。蓬岛如在眼，羽人那可逢……”清代文人陈文述的《东海古迹》诗中有一首，是这样写的：“蓬莱采药几人回，辛苦求仙海上来。龙女如花捧明月，此间曾有授珠台。”这首诗是缘自一个典故，相传秦始皇来秦山岛，感动海神，他便派龙女向秦始皇献上了一颗大明珠。秦始皇在山顶接受了馈赠。这“授珠台”就在秦山岛碧霞宫东侧，《述异记》里有记载。

据《江南通志》和《隆庆海州志》记载，在秦山岛东面有一块李斯碑，是秦始皇登山时命李斯所立。此碑落潮时露出碑首三尺，涨潮时则被淹没。碑上是秦始皇手书的“秦

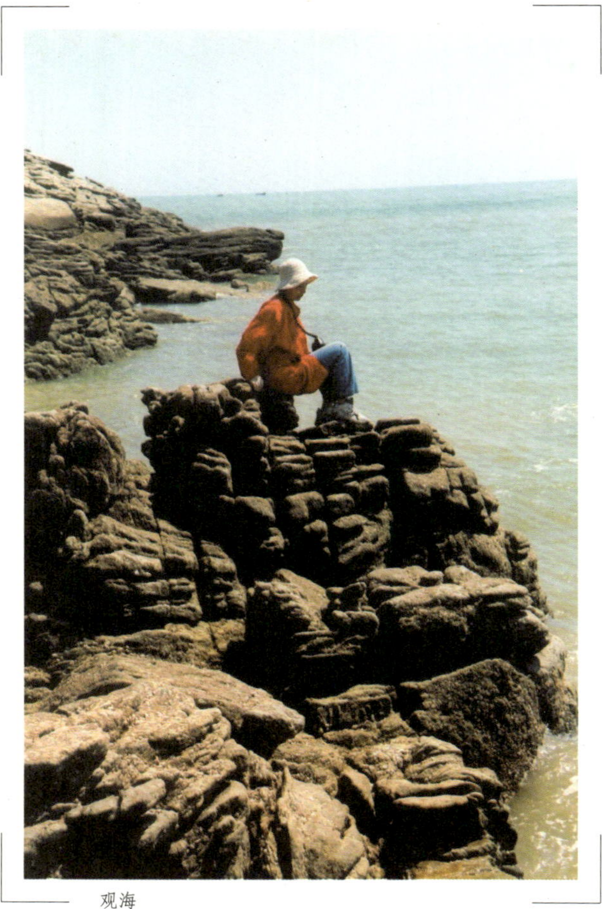
观海

东门”三个笔法苍古的字。如今，这块“东海上，朐界中”的碑石早已不见踪影，难道也被滚滚海潮变成卵石了吗？

真正能够领略大海奇异风光的，莫过于前三岛了。

前三岛在哪里？在连云港东北方二十多海里的大海中。前三岛是由三个岛屿和一些海礁组成的群岛，面积加起来，还不到零点四平方公里。

我曾经有幸三次去前三岛观光或探险。第一次乘坐的是部队的登陆艇。当小艇离海岸渐行渐远时，大海的空旷和辽远让我有种莫名的孤独，同时也伴着兴奋和好奇，好像是要和大海较较劲一样，看你能奈我何。

很多人在海上没有方向感。我也是，我只是根据判断，感觉登陆艇是向东北方行驶。有许多海鸥，跟着登陆艇飞行，它们大约有很好的控制能力吧，翅膀张开，一动不动能飞行很远。有胆大的海鸥，张着翅膀和登陆艇呈平行状，身上的羽毛很精细，在阳光下闪着光泽，那眼睛又圆又亮，静静地看着我。是对我这个陌生的来客表示好奇吗？我也跟它瞪着眼睛。哈哈，它败给我了，翅膀一歪，滑翔到了另一边。而跟着又飞来一只海鸥跟我对视。

那天的阳光出奇的好，风也不大，预报是三级。远看，海上风平浪静；近看，却有着较深的涌。有经验的海员告诉我，涌比浪更可怕。我问今天的涌大吗？他看了一会儿，说，不小。长距离的航行，我感到有些眩晕。我开始远望。我的经验就是远望，这样能让内心相对平衡下来。远方海天一色，气雾迷濛，那海仿佛一直延伸到天上，笼罩在我的四周。我盼望着海上能出现点什么，哪怕就是风浪的奇观，也会大饱眼福不虚此行啊。

说看还真的看到了。在一望无际的湛蓝色天空上，一条细细的、扁担一样的黑色云带，突然拉长，并且像魔术师手中的魔带，霎时间越拉越长，像绳索一样，飞快地伸向大海，或者说，像一只铅梭，牵着一股黑云，一头向大海扎下来。随行的船员也被眼前的景象惊呆了，在一幅看起来几乎是静态的画面中，黑色的云带让平坦的海面，突然拔起一根浪柱，它在我们侧后大约几千米的地方，渐渐地长粗长高。四周依然安静，海鸥也在飞翔，一切似乎都没有变化。变化的，只是人的内心。我突然想起看过的一个资料，这不是龙卷风吗？随之又想起美国大片《龙卷风》，一丝恐怖袭上心头。就在我要失声大叫的时候，这根浪柱在侧后方闲庭信步之后，突然变矮变细，进而消失了。从出现到消失，我估算一下，不会有三分钟。而更加奇怪的是，天上的那根黑色云带，也随之化为白色的淡云，把天空映衬得格外碧蓝。我真不敢相信刚刚发生的一幕，但它确实发生过了。

这就是我第一次上前三岛遭遇的海上奇观。

第二次上岛，在我们行程两个多钟头后，接近小岛时，突然起了风浪。船长说，这风浪约有四米高，属于急浪。

在我们的正前方，一个大浪接着一个大浪，向登陆艇冲来，溅起的浪花打到了甲板上。迎风破浪，就是我们此时的感受。船长为了不让大家扫兴，还是强行向码头靠去。这时候，通过无线电话，岛上已经有五六个战士在码头上等着接应。我清楚地看到，海浪撞击码头后把码头整个覆盖淹没的情景。船长观察几秒钟，果断地说，不能靠，返航！

这时候，船长的无线步话机里，传来岛上战士的声音：“从南面的登陆滩试试，那里风浪小。”船长说：“控制不了船，根本不行。”对方说：“好吧，首长再见！”

第三次上岛十分顺利。登陆艇轻易就靠上了码头。

这是前三岛三个岛中最大的一个岛，岛确实不大，吸一支烟的时间，就能在岛上转一圈。岛上有许多杂草，没有树，杂草很深，有的盐蒿比人还高。草丛里埋藏着当年部队留下的壕沟和小路，还有猪圈。很多石头房子都空了。小岛上栖息着成千上万只鸟，品种也格外的多，有白海鸥，有灰海鸥，还有许多鸟叫不出名字。请教岛上的战士，他们也是所知不多。不过，有一种叫“蜡嘴”的，显得十分的可爱，只看它的外形和举动，就会让你发笑，似乎有一种天生的幽默感。岛上的战士给我们讲述了一个故事，说蜡嘴不是什么时候都能看到的，它们身材较小，喜欢群飞群落，来的时候，眨眼间就来到你面前，走的时候，也是噗噗噜噜飞个净光。有一次，他们正准备吃饭，突然间天空响起一阵杂乱的声音，还没等分辨清楚，一群蜡嘴已经落了下来。它们一点也不怕人，见到物体就停，桌子上，凳子上，锅台上，到处停满了蜡嘴，一点也不怕人，歪着脑袋打量着几个战士，有的干脆落在饭碗上，落在战士的肩膀上和头顶上，拿它的大黄嘴在衣服上、头皮上摩擦，逗得战士哭笑不得。正当他们要想主意“对付”这群不速之客时，它们又呼啦啦飞走了，一只都没留下。

据战士说，这几年，生态好，岛上的鸟有二百多种。

在前三岛垂钓，也是特别有趣。如果你是第一次上岛，连钓具都不用带，只要一根渔线，保证你能钓到鱼，因为这里的鱼，普遍比较憨。

那天我跟战士要一根渔线，没有鱼饵，就随便揪几片草叶，窝成团，系在渔线的梢端，权当鱼饵了。又在渔饵的附近系几块布条——这也是引诱鱼的好办法，那些“精明”的大鱼，会把布条当成小鱼，以为这里非常安全，就游过来和“小鱼”争食。当它发现草团时，会一口死死地咬住，你只需把它拖到岸边，用网兜一抄，就收获了。我用这种办法，钓了好几条四五斤重的鲈鱼。

到前三岛去垂钓、赏鸟、看海，非常奇妙，是游人们十分向往的地方，如果朋友们有空，可不要错过好机会啊。

垂钓

二、沙滩情

没有沙滩的海，是枯燥的；没有沙滩的海，是没有神韵的；没有沙滩的海，是缺少风情的；没有沙滩的海，无异于死海。

连云港的海边，有许多处天然的优质沙滩，每年都会吸引全国各地的游客来连云港旅游、度假、观光、休闲。他们在连云港金色的沙滩上追逐、嬉戏、欢闹。背景青山如屏，悬瀑如镜，迎面鸥鸟飞翔，海风吹拂，游人无不被这样的美景所陶醉。

连云港人也因为拥有这样的金色沙滩而自豪，常常或一家老小，或亲朋好友，来到海边野炊、观海、赏日出。而那些自发性的聚会，更是层出不穷。

这不是吗？有人在论坛上发帖子，要搞坛友聚会。

6月28日沙滩露营，夏游苏马湾。

时间：6月28日，周六。

集合地点：火车站102站台，13：00集合，13：15准时出发。

墟沟拼友14：25在海棠路苏果超市东门与队伍会合共同前往苏马湾。

到达景区后在沙滩安营扎寨，傍晚海风中漫步沙滩，大家可以尽情嬉戏。玩沙滩排球是个不错的选择。

本次活动食物水源自备（晚餐和第二日早餐），想吃烧烤可以自备烤串，本人可以提供炉具、木炭以及排球一个。第二日早起观日出，早餐休整后沿海岸栈道前往大沙湾，沿途海岸风景美不胜收。

最后由大沙湾景区返程。

注意事项：露营装备须自备。由于夏季林草茂密，行山路时禁止穿短裤、凉鞋、裙子，防止毒蛇、毒虫叮咬！夜晚海边风大气温较低，需注意防止感冒。同行人员旅途中须注意自身安全，不得冒险行事。要对自身行为负责。

这样的坛友或网友聚会，每年都有若干次，都是自发组织的，而且组织得非常安全，非常的井然有序，非常的情趣盎然，就连垃圾，都自己回收。

再来欣赏一个坛友在海边聚会的通知——

论坛夏季集姐号

时间：08年7月5日(周六)

地点：西墅海边

关键词：集结

7月5日下午，各县大队区小队向墟沟在海一方公园门口集结，十六时向西墅方向移动，经神州宾馆、后大门营部炮台，沿海岸线迂回至集结地点西墅。悄悄地进村，打枪的不要。

晚上还打算回去吗，好不容易出来一回，是吧？什么油盐酱醋茶，什么锅碗瓢盆勺，什么什么什么管特呢，跟特说，我要去私奔了，不带你。(宿营设备自备，蚊香清凉油什么的。时代超市帐篷有卖，折算人民币约九十八元前后。方便筷一双，自备菜N盘，酒水红白黄绿，纸杯自带，狂欢？酒后？节目自备，清歌和着涛声，浪花伴着掌声，请各位准备好节目，没有节目的可练铁沙掌。我先报名唱歌，军港之夜。)

当面对大海，天高云轻，长天共碧水一色；当夕阳西下，晚霞散布，薄雾拢起；当篝火点燃，火苗映上脸庞；当东方破晓，红日从海面升起。一切的一切的记忆，都折进2008年的这个夏季。

这个幽默的聚会通知，出自一个叫艾牛牛的坛友之手。据了解，他们那个“情感驿站”论坛，每年都有几次主题聚会，在年轻人当中，很有一些号召力和感染力。

7月5日，我赶上了“论坛夏季集姐号”活动的尾巴，已经是夜里十一点多了，正好是孩子们在沙滩边的草地上表演节目，孩子都很认真，把自己的本领全拿了出来，跳洗澡舞的，惟妙惟肖，跳小白兔舞的，非常活泼，还有童声演唱，自然有吉他来伴奏。每一个节目结束，都响起一片掌声。有的甚至躺在草地上，手也鼓掌脚也鼓掌。

第二天，这个论坛上出现了十多个主题帖，都是关于这次活动的。摘录一帖如下：

关于聚会，坛中陆续发了些图片、文字，看得人手痒。便也想为这次聚会留一些文字，可是枯坐半天，却怎么也串不成段，快乐在记忆中以点式跳跃。

聚会，不知别的坛友期盼不，反正我挺向往的。一群陌生的人，因为对同一种事物的喜欢而相聚，想着也很不错。可是巫女说这种相聚失败的例子太多，这话说得挺让人扫兴，不过还好，实践才出真知。这次相聚，让我明白了一个道理，巫女的话也不是全对的。

不喜欢夏天，因为蚊虫，因为高温。可相聚的喜悦，冲淡了这些外在的因素，前一天的雨也没能浇灭我们相聚的热情。那个叫落花的坛友竟然说：下雨算什么！下刀子也去！如此可爱的坛友，让老天都为之动容。前一天雨，后一天雨，我们相聚的那天却是艳阳高照，老天如此架势，这点让我们沾沾自喜。

无舟无车，人自然劳顿，抛开背不动的，留给后援的吉他。我们顶着烈日，带着孩子，与落花携手相伴，很是快意。一路上两个孩子唧唧查喳，笑逐颜开，孩子的笑容直接感染了我们，原来快乐是如此的简单。

到了聚集地，无暇顾及风景，一意寻人。几通电话，蓦然回首，他们都在丛中笑！或倚，或坐，或立，无不含笑相迎。不管认识不认识，微笑总是最好的通行证。

先到的有：六盘山、多年以后、凭海听风、纤腰怯罗衣、小罗衣、方块六、小方块、死冰、蕴秀临霜、小蕴秀、棍子、冰老师、张校长、享受人生、首席评论员、小静雯。加上后到的落花飞絮、鱼儿公主、长风、白衣银客，凑足二十人。按原定计划，到在海一方会合，然后去山那边的海滩野餐。背重携幼，我们大部队浩浩荡荡向目的地开拔。山

沙滩

脚下，又会合了木吉他、小吉他、黑老虎、简白、小简白。

山雨欲来风盈袖，风很大，雨却终没有来。青山小路上抛洒着坛友们的笑语。那风中摇曳的山花、萋萋的茅草无不在对我们诉说着快乐。最佩服罗衣家的小可心，四岁的小人儿，那么长的山路，抿着嘴，一声没吭，坚强地走过。

山那边，泉水清冽，乱石密布，海滩迷人，孩子们欢呼着冲向大海。听风光着脚站在乱石中，她找到海蛎竟然敲开壳就这么吃了，让孩子们目瞪口呆。大人们席地而坐，山为屏，地为铺，天为帐，揭开了野餐的序幕。

陆陆续续，萍水相逢来了，如沐春风来了，啸笑来了，艾牛牛与小牛牛来了。死冰扛了那么大的一桶纯净水上山，却在我们将要野餐的时候走了。在此，我们对他致以十二分的敬意。

畅畅与听风同一天生日，孩子们围坐在一起唱着生日歌。祝你生日快乐，祝你生日快乐，祝你们两个年年有今日，岁岁胜今朝。在那样的环境下，蛋糕也格外的香甜。畅畅与听风的脸都被抹上了蛋糕，笑意从每个人的心底泻出。

举杯，碰杯，觥筹交错，欢声，笑语，笑逐颜开。落花的爪子、方块六的玉米，多年的毛豆角，自制的食品比超市买来的更抢手。六盘山的野餐用具也比烧出来的汤还吸引人。

吃饭的时候，涨潮了，刚刚孩子们玩的地方已成了汪洋，听风乱扔的鞋子在海水中沦为小舟，一只被浪打到了岸边，一只继续在海水中荡漾。棍子奋不顾身，脱衣下海，在我们的欢笑声中完成了英雄救鞋的壮举。可惜的是，落花的相机游移着，怎么都不肯拍棍子的一点式。

这么多医护人员在场，阿诚吃多了也不怕，六盘山两根指头压了压阿诚肚子，阿诚嬉笑出声，六盘山大手一挥：没事，春风过来护理一下，全场笑绝。

快乐的时间总是易过，夜幕下的在海一方分外美丽，远处的灯，近处的人，像泼墨画一样在记忆中留痕。相聚，最快乐的当属孩子们，他们举着烟花，在草地上撒着欢，一会儿笑着过来，一会儿哭着过来。让我们忍俊不禁。男孩子们太矜持了，小树的洗澡舞、妍妍的不想长大、静雯甜美的歌声显示着新一代的阴盛阳衰。

我们的部队还在不断的扩大中，思雨、小思雨、叶落随风、六盘山的夫人，小六盘山、人民的人、小人民、我心玲珑、陈本布衣、海儿姐与海儿姐的老公、楚乔与我爱小四都在笑语中出现。

黑老虎的天籁之音到了阿诚的嘴里成了天赖，艾牛牛的吃牛怎么都抓不着吃不到的人，原来牛身上是什么都可以吃的。首席评论员高歌一曲，交换条件是在场的人以后要力顶他的帖。

K歌将聚会推向了高潮，从不喝酒的落花也频频举杯，后遗症是沉醉不知归路，兴尽回帐篷，一夜抓挠无数。

曲终，人散，四顶帐篷给相聚画上了圆满的句号。

静谧的晨风中，冉冉升起的太阳映红了海面，欢歌笑语已成昨，但那份相亲相惜的心却在昨日中徘徊，期待何时再相聚。

卜算子·相聚

七月友相聚，一方水微动，喜逐颜开沐尘沙，笑语随心纵。

执手共潮生，更深不忍去，谁道网络无真意？匐目欢情种！

发帖人叫“偶是马甲”，帖子的标题叫《海边聚会流水账》。依我看，一点也不流水，帖子写得有头有尾，表述精当准确。据说，她也是这次坛友聚会的策划者之一。

连云港的海滩，就是这样吸引人吗？回答是肯定的。主要原因，我想，还是我们连云港的海滩太好了，是江苏省最好的天然沙滩。特别是这在海一方公园，更是具备了沙滩、海洋、绿地、公园的多重品质，很适合这样的休闲聚会。

早在几十年前，连云港乡绅、清人张学瀚的《海头湾》诗，就记载了当年海头湾，也就是今天在海一方公园苇蓼遍地、鱼蟹满船、帆影重重、橹声呀呀的渔村景象——

远望遥山爽气连，

橹声摇曳蓼花天。

夜里鱼梦千家月，

日暮鸦翻万灶烟。

风起灯光迷蟹舍，

潮来帆影扑渔船。

扶筇鹰嘴崖间望，

沧海洪流涌一拳。

如今，沙湾依旧，那海中“一拳”的鸽岛尚在，“鹰嘴崖”和鸽岛还在隔海相望。在鹰嘴崖和黄石嘴之间，约五百米长的沙滩，还是那样沙明水净，浪花轻扬，一年四季都有游人在这里捡拾贝壳，踏浪嬉戏。

连云港的海湾、沙滩，除海头湾，还有西墅、黄窝、高公岛等数十处，都是风光各

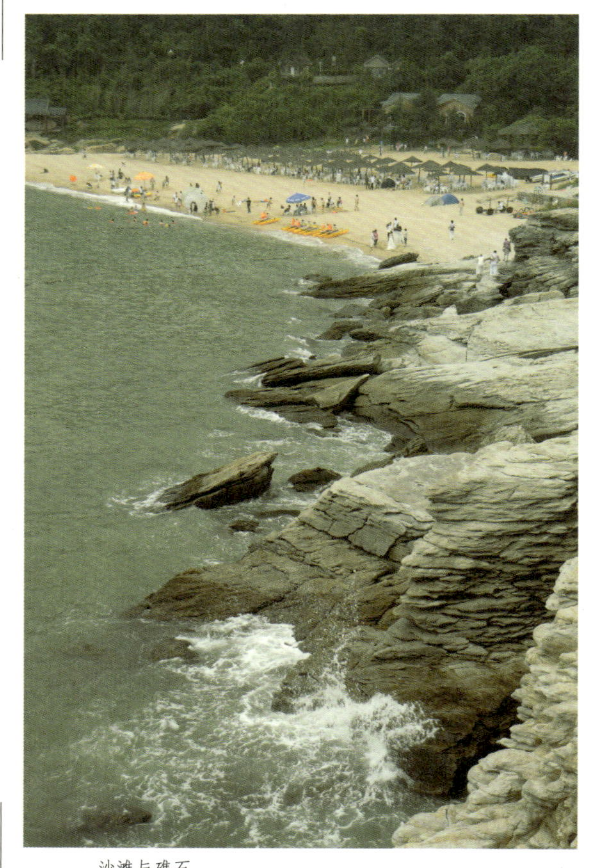
沙滩与礁石

异，神采纷呈。而东西连岛的沙滩，又是别一番引人入胜的佳景胜地。

是啊，知道的人都说，连岛多湾。湾里多沙滩。

许多海滨浴场，就在这些情趣盎然的海湾里。

位于大路口北侧的大沙湾，便是一个闻名遐迩的海滨浴场。这里依山傍海，融海、山、林、石、沙滩于一体，是一处绝美的海岸风景带。此处海岸线长近两公里，沙滩面积达八万多平方米，最大宽度为二百二十米，且沙质均匀，松软舒适，海面空旷，水质优良。这里是江苏省最大的海滨浴场。每至盛夏，这里人山人海。一年一度的“连云港之夏”盛大的开幕式，则把这儿推向了热闹的浪峰。浅海里，人们嬉水欢逗，踏浪淘沙；深水处，弄潮儿劈波斩浪，尽兴畅游，小汽艇、摩托艇穿梭游弋，画出一道道优美的弧线；而沙滩上，巨大的太阳伞像一簇簇盛开的鲜花，伞下洁白的沙滩椅上，躺着身着五彩缤纷泳装的游人，正在尽情地享受着大海温柔的抚慰，还有海滩的帐篷里，情侣们轻轻私语，体验着浪漫的海滨情调。

在连岛的诸多海湾中，我独钟情于苏马湾。苏马湾像一位美丽的少女，天真无邪地袒露在我们面前。

如果说苏马湾就像一个娇娆妩媚的女孩，那二桅尖山和蛤蟆山就像两个争风吃醋的汉子了，他们互不相让，相互扭打着、对峙着，最后只好共同拥有这清纯而秀美的山湾。

苏马湾地名的由来无从考查，据传此处早先居住着苏、马两姓渔民，故名之。也有说是汉时一个苏氏清官被朝廷流放到此牧马，所以叫苏马湾。现有“饮马井”为证。

苏马湾清静幽雅，云水荡胸，水光山色，万千气象。

天然的沙滩浴场，其形状像一朵盛开的精巧的喇叭花，羞涩地展示着诱人的魅力。

黄海在这儿再也找不到那个“黄”字了，大海变得碧蓝，真正的碧蓝，海滩上的沙子金子一样黄灿灿亮晶晶，如果有诗人从海边捡起一枚虎斑纹海螺，静静地放在耳边，定能倾听到大海深处的诗歌。如果有小说家捡起另一个海螺，他听到的又将是一个绝妙的故事。如果有怀春少女捡到一枚洁白的海螺，也定能听到情哥哥那深情的呼唤。

清晨，苏马湾如睡美人一样似乎还没有从香梦中醒来，四周万籁俱寂，此时的大海也变得异常温顺，只是将微波细浪轻轻地推向岸边，拍打着海岸。终于，太阳从海底跳了出来，将万道金光泼洒在浩渺无垠的海面上，大海燃烧起来了，苏马湾也燃烧了起来。

一片海鸥的鸣叫声，拉开了又一个鲜活而清明的早晨的幕幔。大海舒展一下慵懒的身躯，打出一个响亮的呵欠，苏马湾的海涛又开始喧哗了。

涨潮了，那高高卷起的雪浪花，是一道动人心魄的风景线，浪花开放在礁石上，溅飞起无数琼浆玉液，那是海浪和礁石爱情的杰作，一如一幅写生大师绝妙的画。

苏马湾还有一景，就是密集的海蚀岩。

这些海蚀岩，或叠加簇垒，形似千叶莲花；或卧或立，如熊如虎；或歌或吟，如排箫倾诉着千年幽怨，空穴传响。

这真是一片奇岩、奇石的世界啊，在这里，每一块冰冷的石头都被大自然赋予了生命。而且最具典型性，峥嵘而又奇特。古海蚀崖历经千万年风雨，形成了千层石壁，似一大本一大本书籍平垒而成，故名“说经台”。奇妙的是，围绕着经台，有无数的千奇百怪的动物石笋，它们像海狮、像刺猬、像绵羊、像鱼首、像蛇身、像象鼻，还有密密麻麻伸出的“石猴脑袋”，它们都被经书中的真理所“打动”，一个个洗耳恭听的样子。

苏马湾诞生的母体是大海一样碧翠的青山，仿如一颗颗硕大的翡翠簇拥在大山的怀抱里。而那呵护她的山，丛林繁茂，清泉淙淙，正是这不曾有一丝一毫现代工业污染的所在，才孕育了苏马湾的清丽风光。

现在的苏马湾全称是“苏马湾生态园”，又布置了许多新景点，比如曲径通幽的栈桥，比如孔雀园等等，都让苏马湾锦上添花。

苏马湾的傍晚来临了，胭脂色的晚霞在西天翻涌，苏马湾在潮声中辉映着一片霞光的碎片。夜晚的纱幕重新笼罩了风姿绰约的苏马湾。我们知道，那飘摇的虾灯蟹火又该点亮了。

大海的魅力是层出不穷的，在海州湾漫长的海岸线上，夜晚出现的火星银潮，会让你惊叹大海的瑰丽和奇幻。

三、山峰秀

是《西游记》成就了花果山，还是花果山成就了《西游记》，争论这个，似乎没有什么意义了。著名作家汪曾祺先生有诗云：

刻舟胶柱真多事，
传说何妨姑妄言。
满纸荒唐西游记，
人间幻境花果山。

宋代大文豪苏东坡曾三来海州，两登孔望山，遥望着大海中若隐若现的花果山时，写诗感叹道：

郁郁苍梧海上山，
蓬莱方丈有无间。
旧闻草木皆仙药，
欲弃妻孥守世寰。

花果山上的庙宇

可见东坡先生已被这儿的仙境所诱惑了，不愿离去，想独守于斯。然而，沧海茫茫，碧波连天，诗人只好喟然长叹：“我昔登朐山，出日观沧凉。欲济东海县，恨无石桥梁。”

如今的花果山，更胜古时。巍巍云台山，把花果山团团拥抱，二百三十六座山峰，呈组团式簇拥如莲怒放。纵览云台山系的一座座山峰，目光如速写的画笔，完成的是一幅硕大无朋的山水画卷。连云港的山，如画亦如诗，又如歌的行板，由不得你不发出几声由衷的赞叹：美哉奇哉壮哉！看哪，一座座山或如剽悍的汉子，或如娇娆的女子，在画轴中活泛起来，迎面向我们舞蹈而来……

花果山真是太有名了，把它归属于连云港，有些过于奢侈。它应该属于中国，甚至世界。花果山，犹如一位骄傲的公主亭亭玉立，仪态万方，俯视着裙下的群峰。

花果山是什么，像什么？自古至今，多少文人墨客穷尽才思，各抒所见，我只想说，花果山既有着公主的任性，又有着比公主更娇艳的容貌，比公主更多的饱读诗书，那么，就说花果山是一代名媛吧。你看，她的名字是那么的女性化——花果，听上去有点媚俗，但细细想来，便有着无法言尽的内涵了。花果山，真的就如少女般，款款地向我们走来，抛撒一路花瓣，挟裹一身果实的芬芬向我们凝眸顾盼，冰清玉洁，又如一位莅临凡界的仙女。“花果”这位仙女，全身上下，从里到外，弥散着一股浓烈的仙气，挥之不去。

这股仙气的源头，应该追溯到一位叫淮海浪士的男人身上。对，他就是吴承恩。这位淮安才子，一生颠沛流离，时乖命蹇，却在贫困潦倒中发愤成就了一部泽被后世、永存史册的世界名著——《西游记》。《西游记》与花果山是一对无法割舍的连体姐妹。钟灵毓秀，充满神奇传说的花果山，激发了淮海浪士吴承恩先生的创作欲望，灵感的火花碰撞在花果山精怪的石头上，闪烁在花果山幽秘的洞穴里，跳跃在花果山茂密的丛林间。重读一遍《西游记》，重上一次花果山，你会感慨良多，妙趣横生。是的，登上苍郁幽邃、云岚飘绕的花果山，那怪石古塔、宫观庙宇，面对南天门、老君堂、八戒石、沙僧石、娲遗石、唐僧崖、团圆宫、玉皇阁，还有洞——据说有“七十二洞”——大大小小各种洞穴，什么狐妖洞、二仙洞、啸云洞、虫妖洞、蛟魔王洞……洞洞相接，神秘莫测，让人惊心动魄，又令人冥想不绝。当然，名气最响的还是水帘洞了，其洞口呈“人”字形，状如一间石屋，旧说：“洞中石泉极浅小，冬夏不竭，泉甚甘美。”而洞外则涧水披拂，如珍珠玉帘挂在洞口，美不胜收。

顾名思义，被命名为“花果”的这座山，肯定是有花有果，鸟语花香，植被葳蕤。事实也正是如此，想当初孙猴子君临花果山时，原始森林莽莽苍苍，里面猛兽出没，鬼怪不断，云波诡谲，但精明的猴类在林间挪腾跳跃，觅果嬉戏，有齐天大圣统领着，活得无法无天，逍遥自在。如今的花果山，依然是花果飘香，却平添了新的景致。花果山有着独特的小气候，山中生长着各种草药百余种，灵芝、葛藤、蕨菜等随处可采。每至春天，山上百花争妍，蜂飞蝶舞，令人陶醉。这儿盛产樱桃、板栗、山楂、银杏等等四时水果，即使白雪皑皑的冬季，还出产奇异水果——冬桃。山上生长着一种十分名贵的竹子——金镶玉竹，此乃我国四大名竹之一。而令人惊讶的是：这种竹子只能在花果山上成活。特殊的水土、光照、气温，还孕育了一种馀韵无穷的茶叶——云雾茶，据说当年曾作为贡品送往京城，让皇帝老儿享用。在花果山中，有着千年树龄的一株株银杏傲然挺立，如沉默的历史老人一样感受着变迁的沧海桑田。而半山腰三元宫院内的两棵银杏，一雌一雄，相互守望，共沐千年风雨，由不得你不去赞叹它们永恒的爱情。

花果山是国家重点风景名胜区、国家AAAA级风景旅游区、全国文明风景旅游区示范点。景区面积八十四点三平方公里，景区内的玉女峰是江苏省最高峰，海拔六百二十五点三米，峭壁悬崖，巍峨壮观。

花果山的人文景观源远流长，文化底蕴十分厚重，千百年来的古建筑、古遗址、古石刻以及历代文人墨客的游踪手迹遍布山中。唐、宋、元、明、清先后在这里筑庙建塔，成为香火旺盛的佛教圣地，海内四大灵山之一，早在明万历三十年（1602年），朱翊钧皇帝就颁旨花果山中的主庙宇三元宫为天下名山寺院。康熙皇帝亲题“遥镇洪流”四字镌刻在花果山主峰玉女峰上，以表示对花果山神灵的敬仰。

花果山自在天

金秋花果山

游览花果山四季皆宜，春来鸟语花香、夏日飞瀑急湍、秋季风景如画、冬日银装素裹。晴游花果山，登山远望，日出海上，大海茫茫，风帆点点，身临其境，使人顿觉“恍疑身世出尘寰”；雨登花果山，云山雾海，如入画图，如临仙境。浓郁的自然风光与灿烂的历史文化，奇异的山水特色与多彩的神话传说，加之古典名著《西游记》的精彩描绘，使花果山充满了神奇的魅力。而“墨香小径”、世界上最大的汉字石刻“神”字，这些景点的诞生则赋予了花果山新的内容。

当年，周游列国的孔老夫子，赶着牛车来到海边，登上海边的一座小山，观沧海之浩瀚，思仕途之波折，心潮澎湃地告诫他的弟子：“道不成乘桴浮于海。”

云台山没有回应，只有大海狂涌的波峰。

此后，这座山便唤做了孔望山。

我是在初春时节里，和友人相约，去登孔望山的。

一轮白汪汪的大月亮高悬在深邃的夜幕中，投射下同样白汪汪的月色。人行走着，便如一个不停移动的圆心，目光成为半径，驻足环视四野，就是一个封闭的圆圈，人移景移，其间的景物犹如一张照片的圆形剪影，而目力所及的极远处，便幻化为妙不可言的朦胧虚边。伫立在月色里的孔望山，与阳光下我万分熟稔的孔望山判若两山，景致迥异。那险峻的涧壑被丰沛的月光填满了，孔望山变得万分妩媚而温柔。眼前掠过一块块造山

花果山上的猴子

运动遗留下的巨石，一棵棵毛栗、松柏、山楂树，其面目一概混混沌沌的，好像水墨画笔的收笔效果，有一种淡淡的洇漫的模糊之美。月色，使孔望山的风景洗尽铅华，透出一股厚朴沉郁的风范。

登山的小路旁，小草小花挂着亮晶晶的露珠，如天上稀稀疏疏的星星，散发出清润的香气，偶有惊飞了的栖息的鸟儿，扑棱几下翅膀飞走了，又留下几声清亮的鸟鸣，映衬着静谧的春夜。终于，我们面对三位先哲洁白的雕像，目光执著翘望着夜色里的东方。那是孔子和他的两位得意弟子在望海。

富于创意的孔望山现代子民们，为孔子雕就了一尊年轻的塑像。孔子不老。孔望山也永远年轻，现在它正焕发出勃勃生机。我们和孔圣人摩肩而立，也模仿着圣人的姿态昂首东望，望着那已经东去的大海。孔望山静极了，月华如水，我们听不到孔子师徒三人的心跳，可我们听到历史老人那不息的脉律。

唐宋以来，直至元、明、清各朝代官宦文豪，都喜欢来山上一望，并勒石词文曲赋，仿佛向山上的老夫子交了一份考卷。唐朝诗人刘长卿，在至德三年春（758年），因事下狱，后被贬往潘州南巴尉，在赴南巴途中，来海州访古探幽，“临佳境，会友人”。在孔望山上，他留下了一首《登东海龙兴寺望海简演公》诗，来排遣被贬谪的惆怅。苏大学士在海州留下的诗更多，他在与友人游孔望山时，面对苍翠的山峰、喧嚣的大海，诗人披襟当风，在乘槎亭中与高朋清谈，直到月亮高升，方才归去，留下一首《次韵陈海州乘槎亭》诗：

人世无涯生有涯，
何当归钓汉江槎。
乘桴我欲从安石，
遁世谁能识子嗟。
日上红波浮翠献，
潮来白浪卷青沙。
清淡美景双奇绝，
不觉归鞍带月华。

纵然豁达如苏大学士，在挫折中，也曾盟生出遁世的想法啊——那也应该与孔望山的魄力有关吧。

如今，东海庙、龙兴寺均已不存，只有山南侧的龙洞庵了。龙洞庵虽然不大，但院内的一株桧柏却有着千馀年的历史，与之相对的一株流苏被认为是宋时物，也算是见证

冬日花果山上的雾凇

了孔望山的沧桑岁月。

龙洞就在庵西石壁上，洞内能容十馀人。在龙洞周围，有从宋代开始历朝历代官员文士的题刻约二十多处，真草隶篆诸体皆有，大者如斗，小者如拳，有的有款，有的无款。也许是心境不同吧，这些题刻有的意气风发，有的心旷神怡，有的宠辱不惊。如你有闲，细细品读，也许会随着它们而产生自己的寄语吧。

和花果山、孔望山一样，石棚山上也留下了历代名人的足迹和诗词文赋，著名的当数宋代文人苏东坡和石曼卿。

北宋熙宁七年（1074年）八月一个阴霾晦暗的午后时分，名满华夏的大学者苏东坡在从杭州赶往密州（今山东诸城）途经海州（今江苏连云港）时，怀着崇敬的心情登上海州近郊石棚山。此时，苏东坡三十八岁，已经写出了脍炙人口的名篇《范增论》、《留侯论》、《喜雨亭记》等。他盘桓于石棚山上，不仅是在浏览风光名胜，排遣旅途辛苦，也是在寻觅他景仰的另一位北宋诗人、书法家石曼卿的踽踽足迹和华彩文风。

石棚山，当然以“石”著名。这里是一片石的世界，白花花的石头，裸露无遗，几乎找不到一星泥土。

石棚山离城区只有数步之遥，是一座不高的袖珍小山，它在云台山脉的诸多奇峰秀壁中不算起眼，多少年来一直默默无闻，为世人所遗忘。但是山小自有奇处，且不说怪

孔望山摩崖石刻

孔望山龙洞及题刻

石嶙峋，交相叠错，也不说细泉叮咚，洞穴深幽，单说那些被赋予生命的顽石名称，就足以令人动容并产生无数迷人的遐想，“佛手岩”、“群龟探海”、“犀牛斗象”、“天蟾独跃”、“海豹望日”、“金猴拜山”等等，多么形象逼真。山上遍植桃李，崖岩爬满藤蔓，苏东坡流连于此，慢慢攀爬，他的脑海中想必已经回溯到三十多年前，石曼卿漫步山崖，手握折扇，怀揣典籍或口吟锦绣文章……

今天，我们只能推测苏东坡登山怀古的心情是不轻松的，他睹物思人遥想石曼卿，自然也想到比他早一代的欧阳修。

欧阳修和石曼卿是至交好友，在《释秘演诗集序》里，欧阳修追叙了他和石曼卿的交友历程，同时也对时事社会作一番评价，为石氏的遭遇鸣不平：

曼卿为人，廓然有大志，时人不能用其才，曼卿亦不屈以求合，无所放其意，往往从布衣野老，酣嬉淋漓，颠倒而不厌。予疑所谓伏而不见者，庶几狎而得之，故尝喜从曼卿游，欲因以阴求天下奇士。

北宋真宗景德元年（1004年）到宋仁宗庆历元年（1041年）的近四十年间，为北宋全盛时期。“国家臣一四海、休兵戈、养息天下以无事者四十年。”欧阳修说，动乱的社会，给那些有才华的人以施展自己抱负的机会，使他们有了用武之地。而社会安定，对国家人民是好事，却使那些智谋杰出的贤豪之士无用武之地，只好隐居起来，“伏而不见”，他们往往是隐居在山林里的一些屠夫或商贩，一些柴夫俗民，深居简出，至死也不为世人所发现。欧阳修认为，石曼卿正是这样不为世人所知的贤能志士，他开朗豪放，胸怀大志。然而，他的才华和本领却因得不到世人的发现而无法施展。石曼卿本人也不愿委曲求全，去迎合别人的赏识，因此他便同一些平民百姓饮酒作乐。

关于石曼卿的豪饮，欧阳修《归田录》中记载说：“石曼卿磊落奇才，知名当世，气貌雄伟，饮酒过人。”并说他常同人“对饮终日，不交一言……非常人之量”。《默记》里记录了石曼卿在海州饮酒的轶事一则，读来趣味盎然，其中有“我做得通判过否？”一句，可见他酒酣而心不醉，是何等的心高气傲。

苏东坡能在前往密州途中，凭吊石曼卿和石曼卿游览读书之地石棚山，和欧阳修一样，一方面是敬慕他的才华和为人。另一方面，也是对自己当时的境地感到无奈。可以推测他当时的心境是何等的复杂而悲愤，却又力不从心。

相比苏东坡，欧阳修官至枢密副使、参知政事，相当于副相，是当时名噪一时的文章领袖，《释秘演诗集序》和后来的《祭石曼卿文》，苏东坡不可能不读，也不可能不知道传世的《石曼卿诗集》等。所以，我们就不难理解苏东坡能在盛夏之日，不顾旅途辛劳登临石棚山了。他后来还专门作了一首《和蔡景繁海州石室》诗。

石曼卿，名延年，生于北宋淳化五年（994年），卒于康定二年（1041年）。算来只活了四十八岁。石曼卿怀才不遇又英年早逝，时人尤其是当年学界对他的惋惜及怀念之情可想而知了。石曼卿祖籍幽州（今北京一带），因避契丹之乱举家迁至宋州宋城（今河南省商丘市），所以许多典籍称他为宋州宋城人。石曼卿在海州的活动史书少有记载，但是从欧阳修、苏东坡等人的文章诗稿和明代小说家冯梦龙编纂的《古今笑史》以及一些宋人笔记如《默记》《苕溪渔隐诗话》等都可看到有关石曼卿在海州的任职和活动。

彭云先生所著《海州乡谭》（江苏人民出版社1988年12月初版）有一篇《石棚山与石曼卿》，较详尽地考证了他在海州任职的前后经过，文章写道：

石曼卿在宋真宗时，先后任过知县、大理寺评事、大理寺丞等职。仁宗时，皇太后临朝执政，天下沸然，满朝文武噤若寒蝉，石曼卿挺身而出，冒着满门抄斩的危险，上书请太后还政于天子。正当山雨欲来之际，太后突然驾崩，石曼卿才免遭横祸。仁宗复位，对曾经支持他的人都论功行赏，石曼卿的好友范讽也因此荣升。石曼卿不屑这拾来的机遇而退避三舍。范讽认为他过于迂腐，要为他请功引荐，遭到了石曼卿的拒绝。

……范讽做宋官时爱民如子，对于地方豪滑大户，时常治以峻法。后来皇上外放他去兖州做官，被仇人广南东路转运使庞籍参了一本，诬他低价卖官田做私产，又诬他带走翰林院的白金数千两。皇帝下令叫范讽到南京候审。他不畏权势，竟然置圣旨于不顾，忿忿驰回兖州。后来虽查清并无不法之事，终因抗旨被贬。在此期间，石曼卿为好友范讽说了几句公道话，也受到牵连，从京城贬到海州，做一个小小的通判。通判是知州的副手，还有监察当地官吏的职责，故又称监州。

石曼卿官至太子中允、秘阁校理，替皇家整理图书和校订史籍，和欧阳修、秘演等往来甚密，常常相互和诗。今天，我们从苏东坡等人的文章和石棚山勒刻中能推测石曼卿在海州任职时的活动。当时，石曼卿被贬来海州，只给了一个小小的通判，这对于文章高手、诗人和书法大家的石曼卿来说，实在算不得什么。石曼卿远离京城，远离繁华闹市，远离文朋旧友，孤独一人来到海边小城，其心情是何等抑郁、悲观啊，他在处理完日常事务和在节日闲暇之馀，独自一人从海州东门步行至石棚山。沿途庄稼葱茏，草木繁盛，间或有农人耕种其间。石曼卿边走边欣赏，来到山脚，攀至一块抬头崖上，极目远眺，古朐山像翠屏一样美丽多姿。山上云雾缥缈，春日的阳光滑过山脊洒满山川谷地，令人心旷神怡。石曼卿这时也许忘记所有的烦恼和忧伤而读书作诗或饮酒弹琴，一腔抱负和忧国忧民之心被美酒融化或随着琴声飘向远方。直到黄昏将尽的时候，他才怀揣诗书，带着微醺返回州城。

石曼卿在石棚山上读书、弹琴、饮酒、作诗自娱，实在是对时事的不满和愤慨。难怪欧阳修说他“廓然有大志，时人不能用其才”，因而喜“从布衣野老，酣嬉淋漓，颠倒而不厌”，还说“曼卿隐于酒”，“极饮大醉”。在《石曼卿墓表》中，欧阳修也说他“视世俗屑屑无足动其意者。自顾不合于时，乃一混于酒。然后剧饮大醉，颓然自放”。

石曼卿在海州石棚山读书、饮酒、植树、弹琴的故事，在乡民们的口中流传深远，文人雅士便于石棚山上勒石多处。当年石曼卿读书、休憩的抬头崖上，便有“石曼卿读书处”六个擘窠汉隶。另外在读书处附近的岩石上，也有不少字体较小的题词，因石质疏松，大多风蚀斑驳，难以辨认，只有明末山阴戴易（兰枝）所作的两首绝句还勉强可读：

一片寒云覆石棚，空岩花草孰知名？
何当自有山川后，千古唯闻石曼卿。

海上青山似旧时，春来何日更花枝。

东风二月江南客，谁共题君堕泪碑。

石曼卿死后葬于河南省永城县太清乡。在他去世二十六年后，即宋英宗治平四年（1067年），石曼卿的荒冢上迎来一位京城官员，他就是当时著名的文学大家、石曼卿生前至交好友欧阳修派来的令吏，专门呈送祭文于石曼卿墓下的。这就是那篇名存后世的《祭石曼卿文》。文章感情浓挚，情调哀凄。欧阳修能在石曼卿去世二十六年后，用此特殊的方式来告慰亡友的在天之灵，可见石曼卿在欧阳修心目中的地位了：

呜呼曼卿！生而为英，死而为灵。其同乎万物生死而复归于无物者，暂聚之形；不与万物共尽而卓然其不朽者，后世之名。此自古圣贤，莫不皆然，而著在简册者，昭如日星。

呜呼曼卿！吾不见子久矣，犹能仿佛子之生平。其轩昂磊落，突兀峥嵘，而埋藏于地下者，竟其不化为朽壤，而为金玉之精。不然，生长松之千尺，产灵芝而九茎。奈何荒烟野蔓，荆棘纵横，风凄露下，走磷飞萤，但见牧童樵叟，歌吟而上下，与夫惊禽骇兽，悲鸣踯躅而咿嘤？今固如此，更千秋而万岁兮，安知其不穴藏狐貉与鼯鼠，此自古圣贤，亦皆然兮，独不见夫累累乎旷野与荒城？

呜呼曼卿！盛衰之理，吾固知其如此。而感念畴昔，悲凉凄怆，不觉临风而陨涕者，有愧乎太上之忘情。尚飨！

欧阳修写作此文时，已经六十一岁，正当被皇帝免去参政知县，由相书左丞出任亳州（今安徽亳县）知州之后。欧阳修面对好友荒凉的长眠之地，不但称颂了他的盖世英才和不朽名声，抒发了对故人的至深怀念，而且也表达了人生悲凉的情感。欧阳修面对自己的实际处境，触景生情，言未出而泪先下，三呼曼卿，情真意切，跌宕回肠。祭文中，欧阳修推崇石曼卿的才能，十分惋惜他的早逝，二十六年过去了，仍然依稀记得朋友往日的音容笑貌。欧阳修在深切怀念之后，想到石曼卿这样仪态轩昂、胸怀磊落又极富才能的人，理应变作金玉中的精华，未曾想却空怀大志，终被埋没，即使死后，坟上也没能长出千尺之松，生出九茎之灵芝。目睹亡友墓前的荒凉景象，多么令人仰天可叹啊！

石曼卿在海州的几年，正是他仕途潦倒、情绪低落、失意悲观的几年。欧阳修对石曼卿的一生可谓了如指掌，对他在边关小城几近流放的人生境遇可谓同情有加又爱莫能助，在他即将被贬往亳州之前，写此祭文，我们是否可以看到他另外的心境呢？也许不仅仅是触景生情，也许不仅仅是抒发对亡友的怀念之情。

七年之后，即1074年9月，北宋另一位才高盖世的大学者东坡居士苏轼取道海州，在石曼卿煮酒抚琴的地方，遥望沧海茫茫，遥望青山含黛，他的心情大概和欧阳修一脉相通吧？苏东坡一生文采大气，佳作天成，诗、词、文、赋均达到了当代的顶峰，这与他的为人、秉性、气质密不可分，同时也得益于他跌宕多舛的仕途经历。他历经坎坷，屡进屡退，受新旧各党打击，但他不入浊流，孤傲难羁，表现了一个读书人的高贵品质。他取道海州并逗留数日，他登临石棚山，寻访石曼卿的遗韵，一方面倾慕他的刚正不阿，同时也仰慕他的学富才高。苏子瞻也许和欧阳修著《祭石曼卿文》时的心情一样，绝不是偶然的探访。至于他只在《和蔡景繁海州石室》一诗中记叙了石曼卿在海州石棚山的植桃轶事，而没有另作一篇祭石曼卿的文赋，这或许和当时的社会大环境有关。北宋熙宁年间，王安石主持变法，朝廷内部政治斗争十分激烈，苏轼关于改革的具体想法和王安石大相径庭，他多次上书陈述己见，却得不到神宗的采纳，于是干脆要求调离京城做地方官。所以不难看出，他登临石棚山缅怀一代英才石曼卿而没有留下文赋，与他的斗争策略是有直接关系的。

如今的石棚山，已经是著名的风景点，山下有湖水荡漾，有果树成片，特别是桃树和梨树，每到春天，白的梨花，红的桃花，相继开放，来登山踏青的游客不计其数，他们流连于果树花丛，大约也会想起当年的石曼卿和苏东坡吧。

《山海经》是中国第一部地理著作，对羽山的记述非常翔实。司马迁在《史记》中三次提到羽山“殛鲧”之事，而左丘明的《左传》则写得非常生动：“昔尧殛鲧于羽山，其神化为黄熊，以入于羽渊。”

鲧原是传说中的人物，上古时期夏族的领袖之一，是大禹的父亲，他同尧、舜一样都是部落的领袖。尧的时候，天下洪水泛滥，鲧和禹父子两代，都是征服洪水的高人。但父子两人却经历了不同的命运，一败一成，鲧治水失败了，落得个“殛鲧于羽山”。

但是，人民却赋予鲧以英雄的称誉。他因偷窃天帝的息壤而被杀，尽管历史里面说他是“四凶”，而老百姓却不买账，自有他们心目中的英雄，在羽山筑鲧庙，长年祭祀。大诗人屈原在《离骚》中说：“鲧直以亡身兮，终夭乎羽之野。”以鲧的命运和遭遇抒发了自己对现实不平的愤懑。

羽山，因远古时代这儿濒临大海，盛产珍奇的野雉羽毛而得名。羽山呈东西走向，海拔高度只有二百七十米，山形像一座笔架，中高两低。唐人有诗曰：

羽山一点青，

石曼卿读书处

海崖杂花碎。
日暮千里帆，
楚色有微霭。

一日小雨，我们沿着一条山涧，攀缘而上。涧路崎岖，时有巨石挡道；涧畔草木茂密，荫翳蔽日；石下溪流潺潺，清澈晶莹；树上山雀啁啾，映衬得山中异常静谧。爬至半山，一堵巨大的岩墙笔立眼前，巨岩有三道石缝齐斩斩自上而下，极像刀剑所劈。是的，这就是“三缝石”，又名“试剑石”，传说在杀鲧之前，行刑的力士在这儿试劈三下，这儿便成了有名的景点。这儿该是诛鲧的刑地吗？雨中，我猛然嗅到了一股抑郁之气。

越过三缝石，我们便登上了羽山的东峰，山田风光尽收眼底：云雾笼罩的村庄炊烟袅袅，湖泊牵引的河道犹如洁白的练带，大地则好似一块无边的翠毯，生长着绿色的希望。

终于来到了主峰，寻找拜谒“殛鲧泉”是我们此行的终极目标。有人指着一个不大的白色石穴，说这就是殛鲧泉。

这哪里是我心中汹涌澎湃的“殛鲧泉”啊，不见一泓清泉，甚至一丝水星也没有，只有一汪白花花冷冰冰的岩石。

原来，“殛鲧泉”在“文革”中被破坏了。当时，泉眼直径有一尺多，能听得见泉水涌出的叮咚声，泉水满山漫流，终年不绝。山北某生产队长异想天开，想用山泉水浇灌庄稼，嫌水流得慢了，便组织人力，用炸药把殛鲧泉眼轰开，本意想扩大水源，结果炮响过后，只见下面是斑驳殷红的大石板一块，原先的泉洞也找不到了，水不知流到了哪里。

也许，野蛮和愚昧之举破灭了羽山之脉，也惊扰了鲧之魂。

然而，这一眼远古的泉水真的从此消失了吗？

在羽山脚下，汩汩冒出的温泉，也许就来自鲧那火热的胸腔吧。

是的，有“华东第一泉”之称的东海温泉，已经成为全国著名的旅游度假区了，国内外游客闻名而来，沐浴着具有治病健体功效的温泉水，也沐浴在快乐的阳光下。

东海温泉历史悠久，明代隆庆有文述其“冬夏如汤”。东海温泉特色分明：水温高，地下水温高达九十四摄氏度，井口水温达八十二摄氏度，水温之高在全国罕见；水量大，温泉现有热水井七口，地热水资源丰富，日涌水量多达三万立方米；水色好，温泉水清澈透明，在游泳池里呈现天然淡蓝色，这种水色在全国也是少有的；水质优，温泉水味微咸，属氯化物硫酸钙钠型水，内含近三十种矿物质，主要有钠、镁、钾、氮和氡等。这些成分对多种皮肤病有显著疗效，对防止动脉硬化、高血压、心脏病等心脑血管疾病亦有较好的理疗效果，具有扩张血管、促进血液循环、促进新陈代谢、调节神经、解酒醒神、改善体质、加速关节机能恢复和创伤复原等功能；无污染，井深五百四十八米，卫生安全，可直接饮用，被国内康疗旅游专家誉为“华东第一温泉”。著名诗人贺敬之感慨而发：“东海古神泉，人间新仙境，来此一为客，笑登万里程。”

孔望山汉代圆雕石象。这是我国最大的汉代圆雕，长四点八米，背宽三点五米，通高二点六米

四、清泉幽

在茫茫云台山的密林、山崖、沟壑中，有多少泉水、溪流、瀑布和潭涧，真是数不胜数。东磊的樱桃涧，朝阳的太白涧，锦屏的桃花涧，渔湾的三龙潭，花果山的九龙潭，船山的瀑布，海州的双龙泉，都是知名度极高的景点，历代文人墨客为这些潭涧留下了许多诗词文赋，比如清代大学者凌廷堪，就为九龙涧题有一首《九涧争流》的诗：“万壑泻飞泉，千山瀑布悬。相看九涧水，争落一溪烟。响与松声合，寒随雨气连。石桥间憩息，云树总茫然。”如今，外地游客来连云港观光，大都选择这些地方。

那么，我们也不必免俗，来渔湾欣赏一下三龙潭吧。

渔湾的龙潭，早在明代顾乾所撰的《云台山志》，就把它列为云台三十六景之一，称“三潭汲浪”。吴铁秋《苍梧片影》记载说：“有渔湾山庄，旧为方氏别墅，中有‘月到山房’、‘学稼轩’、‘十梅书屋’诸胜。”只是，其时云台山尚在海中，渔湾只是渔人的泊舟之地，美景虽在，也不是随便都能欣赏到的。到了晚清，海退现陆地，乡绅张百川才能骑着小毛驴到此观赏，留有一诗，云：

远望峰头瀑布横，
涧深百道水琮琤。
千层石齿跳珠溅，
万丈岩腰漱玉鸣。
树影繁音惊鹤梦，
松涛馀韵杂鼍更。
我来崖下瞻风景，
疑是檐前铁马声。

从诗中描绘可以想见当年龙潭的气势了。

渔湾的潭，分布在龙潭涧中。龙潭涧山深涧陡，水流经山崖，冲泻而下，形成深潭，顾乾的一个“汲”字，写得好，道出了三潭相传汲引的关系。

沿涧旁小径上行，首先到达的是三龙潭。潭内碧水清泠，潭边巨石斜叠，水从潭口上方悬崖泻入，势大声洪，此时刚刚下过一场大雨，水流很急，飞溅达数十米。

我们手脚并用，扶着怪石、栏杆，在流水湍急的岩石上小心前行，不一会儿便到了

尹湾汉墓出土的木俑

二龙潭。二龙潭不比三龙潭的浩大和盛气凌人，也不似小溪那样的喜形于色，比较起来，它要沉稳得多。二龙潭水面较大，浅处清澈见底，水深处则目不可测。涧水从二龙潭上方涌入，下从豁口溢出，保持着一定的水位，有些安静，偶被山风吹起涟漪，也是款款荡漾、无声无息，仿佛在家门口梳洗的山妹。

再上行，山岩陡然险峻起来，怪石耸立于两侧，宛如行进在狭窄的巷中。几经曲折后，便有习习凉风吹来，并伴有水汽，知道离老龙潭不远了。再攀爬几步，看到一挂瀑布从悬崖峭壁上直落下来，轰然抵达潭中。在这里观瀑看潭，是绝佳的地方，瀑布似银如练，而且极具变化，一会儿被揉成薄雾轻云，一会儿又梳成飘逸的长发。潭水也深成墨黑状，升腾着逼人的寒气。到此已是三面峭壁，无路可走，须从人工筑成的“天梯”上攀登。

待攀登以后，又是大吃一惊，原以为会到龙潭瀑布的顶端，谁知，涧上还有涧，瀑上还有瀑。龙潭涧发源于云台山苍峰翠峦之下，其源头无数，哪能轻易寻到源头呢。

而那些野泉小溪，同样的也是别有妙趣，值得玩味。

如果说渔湾三龙潭是一曲大词大赋，那么那些不知名的野泉溪水，就是词中小令，妙在馀味不尽，发人遐思。

每每和野泉溪水不期而遇，都格外的亲切。

难道不是吗？山溪总是悄悄地来，它在你疲惫的时候，从一片青翠的山草地里流出，或者从岩石的缝隙里跳出来，给你一点惊喜。而有时候，它又像顽皮的小兔子，毫无预兆地突然跳到你脚面上，吓你一跳之馀，又带给你一份愉悦。

有一回爬二梳尖，我们误入一条涧沟，沟不深，两旁却怪石嶙峋，树木葱翠，鸟语花香，实乃人间仙境。也许是刚下过雨的缘故吧，沟涧两侧的山崖上，常有溪流叮叮咚咚地滚下来，它们流经草丛，打在树叶里，摔在岩石上，加上溪流的大小和高低的错落，发出的响声，就像一首美妙动听的乐曲。同行人都被这天籁之声惊呆了。我们多次停止攀爬，洗耳静听，每个人的心头，都有一种被洗涤过的纯净。

山溪里有螃蟹，这是以前没有注意过的。那天爬山，在孔雀湖上方的山坡上勾留，一条溪水涓涓而来，在一个稍微平坦一点的地方形成一个小水潭。有人赤了脚，欢快地踩着溪水玩闹，突然地，听她大叫一声，看呀，小螃蟹！大家都看过去，清澈的溪水里果然有许多只山螃蟹，它们都很小，大的不过硬币大，而小的还不及小指甲盖。也许是受到惊吓吧，小螃蟹在水潭里四处横行，很快地，它们就躲到石缝里或杂草里了，想捉一只，居然要费许多工夫。

每次爬山，都会遇到清洌的山溪，留下的印象都非同寻常。

那日傍晚，和朋友在朐山南坡上勾留。

夕阳格外的红，满山遍野铺满金黄或暗紫的色彩，像画布上刚涂的颜料。没有风，山也静静的。抬头，见树上的鸟，并没有想象中扑腾欢闹，也没有引颈鸣唱——它也在享受这自然的安宁吗？

寂静的林间，有人穿行而过，脚步似乎也是轻轻的。

——以为我们风雅，在秋的暖风中踏山访草，殊不知，有此雅好者大有人在，心里便有一丝温馨和暖意。

朐山（又称南云台山），是锦屏山的旧名。不知出于什么想法，在我的潜意识里，总认为朐山的名字更为正宗，更为老派，更具山的品质和特性。而锦屏山，太过年轻了，意义也过于明晓而略显浅薄——海州的翠屏，如果真的这样附会，会有很多山失去原有的品性。

有穿绿衣的山姑和穿红衣的山妹，从我们脚下的山沟里走过，她们手里拿着各种容器，可以看出，她们是去舀泉水的。朐山的泉，古已有名，以双龙井为翘楚，历来受到推崇。但是，朐山的野泉却在民间享有广泛的名声，它清洌、甘甜、醇厚，待客上茶，都以一壶野泉而荣耀。据说，古时海州城里的大户人家，每天都有专人牵着驴，上山驮野泉水。

我和友人一边谈山论泉，一边拾级而行，不觉走进一片芳草地。都是深秋了，霜也落过一两场了，山草枯黄，山林叶落，而这块草地却格外的肥嫩，其中必有缘故吧。

我们走进草地，果然，脚下的山土松软而潮湿——原来，这里有山溪滋润。

穿过草地，在一块不大的抬头崖下，我们发现一眼泉，隐蔽在石缝里的一眼泉。我们惊讶了，这就是传说中的野泉？这样的野泉，在朐山上，大约还有无数处吧。我们小心地看着泉，用心来呵护它，悄悄来审视它。

泉呈V形，不大，看样子只有几舀水吧。泉水清澈透明，并没有外溢。朋友说："这么小（少）。"

好像要验证朋友的话，两个挑着水桶的山妹，突然出现在山路上了，她们轻轻地说笑着，旁若无人的样子。当走近我们时，一抬眼，发现两位不速之客，遂低头不语。

我们好奇地看着她们舀水。

石泉里的水，确实只装了一桶。但奇怪的是，只需片刻，泉水又渗出来了，恢复到原来的位置，又可以装一桶了。如此反复，直到把四只桶都装满了。

我们这才知道，石泉是有灵性的——需要多少，它就给多少。

渔湾三龙潭

第二章
遗风盛迹

大约两万年前，中国早期的人类就开始在连云港活动，在锦屏山留下了旧石器时代的遗址。

大约一万六千年前，我们的祖先就在大贤庄加工新石器，并在这里劳作、生活。

七千年前，先民们开始在临海的山石上观察天象，记录着天体变化，使云台山成为世界上最早的天文观察点。

五千年前，中国第一座内外双层结构的藤花落城，就在连云港海边的山地上建立，从挖掘的遗址中，我们可以看出东夷民族政治、经济、文化曾经的繁盛。所以，历史学家称它为“东方的庞贝城”。

两千年前，秦代首置朐县，隶属东海郡。

南北朝时期置海州府，及至明清，建制沿革虽屡屡变迁，城市也几度兴衰，但其古老的神韵依旧，浪漫奇特依然。

连云港是一座人文气息浓郁的城市。

连云港的山海，连云港的神幽，不但造就了独特的自然景观，而且到处可以看到历代文人名士的诗咏题刻。而四部中国经典名著《水浒传》《西游记》《镜花缘》《儒林外史》，又都和连云港有着不解之缘，有的故事发生在连云港，有的作者生活在连云港。连云港人有幸，和四部名著沾上了文气，可谓“人书俱辉”。

一、东方天书

锦屏山南麓的桃花涧，是个富有诗意的地方。

自古以来，写桃花的诗人很多，比如白居易。写涧溪的也不少，比如温庭筠。然而在一首诗里，又写桃花又写涧溪的人，至今还没有见过。所以，我确信，桃花涧就是一首诗。

在如诗如画的桃花涧，更让世人惊奇的是，在涧溪边，桃花下，有一处号称“东方天书”的将军崖岩画。

桃花争艳，涧水淙淙，我再一次来到桃花涧，再一次拜读将军崖岩画。

将军崖岩画位于桃花涧景区一座相对孤立的小山上。小山的山体全部由赭红色花岗岩组成，在山体一块巨大的原生岩石上，有许多人面、庄稼和星象图案，分为三组。第一组位于岩体的西部，由大小不一的十个人面以及禾苗、星象、鸟形图案组成。第二组在南面，包括子午线、三个一组呈倒三角的太阳、两个一组的太阳、月亮及银河一般的星象图，还有鱼形石刻。第三组在东面，画面如夜空中一组组排列有序的星象以及头上插着羽毛的天神。这些刻画，形象古拙，内容抽象。经过考古工作者多年的研究、测量、

桃花涧石刻岩画

桃花涧石刻岩画实测图

试验，认为这些画面并不是用金属工具刻成的，因为它的断层呈“U”形，是用磨刻方法完成的。星星图案用的是琢刻的方式。

这些天书一样的图案是什么呢？我们的祖先为什么要琢刻这些图案呢？多年来，这些图案一直被世人所遗忘。直到1980年，北京大学教授俞佛超先生经过现场勘察，认为这是一组反映夏商之际我国东夷部落生产生活的画面，并说，这是文物，是岩画，是重要的发现。

1981年，国家文物局组织全国十几位一流的专家召开会议，会商岩画的文物和历史价值。当将军崖岩画模型第一次出现在这些专家面前时，他们一致认为，这是一次重大的发现。中国考古学泰斗苏秉琦先生认定，这是中国最早的一部天书。时任国家文物鉴定委员会副主任委员的史树青先生更是指出了岩画的世界性意义，他说：“在连云港发现这种岩画，可以说重要极了。它不是秦汉以后的东西。从历史、艺术到思想，内容丰富，不是我们这代人能解决的问题。世界上研究古代史非常注重岩画，我们应该给它一个很高的地位，不仅有中国意义，还有世界意义。”

1988年，将军崖岩画由国务院公布为国家级文物保护单位。

从那时候开始，各路专家、学术机构开始了对岩画的集中研究，有数百位学者踏上了桃花涧这块神奇的土地，无数篇论文和研究成果发表于各大学术期刊。但是专家们在对石刻核心内容的认识上却产生了多种分野，使将军崖岩画越研究越显出谜团重重。仅对岩画的内容就有数种说法，有的持祭坛说，有的持女娲造人说，有的持太阳崇拜说，有的持农业崇拜说，有的持原始祭祀说，还有海洋生物、民俗神话、鸟夷祭祀等等，都各有所据，言之凿凿。比如华东师范大学教授宋耀良先生，他认为，将军崖岩画是“人面岩画”的发源地。而北京大学客座教授王大有先生则指出岩画中含有上古天文的内容。

无论哪一种研究成果，一个普遍的结论就是，岩画的历史只界定在四千年这样一个门槛内，始终没有人将视野投向更远的东夷上古时代，始终没有对将军崖岩画中的子午线、太阳、月亮、星象等作出科学的回答。

那么，谁来破译呢？

在历史学、考古学方面多有建树的连云港前任博物馆馆长刘洪石先生，给了我们一个令人信服的答案：

今天，我们可以对将军崖岩画的内容做一个大胆的破译了，这个破译也许是不全面的，但毕竟我们对岩画的内涵有了一个新的认识：它是迄今发现的中国最早（甚至可以说是世界上最早的）有着明确氏族标志的上古天文观察的灵台、敬天法祖的祭坛，是六千年前鸟夷民族朝圣的中心。

接着，刘先生用较多的篇幅来论证了他的这一结论。

但说到底，这也不过是他的研究成果的一部分罢了。将军崖天书之谜还没有彻底破解，比如那谜一样的星象图，还需要天文学专家进一步的研究。连云港市旅游局曾悬赏一百万元向国内外专家发出邀请，来彻底破解天书之谜，据说，至今这一百万还没人认领。

这样也好，对我们这些普通人来说，可留给我们更多的想象空间。

是啊，每次来桃花涧，每次在东方天书前驻足流连，心情总是不平静的，总有一种莫名的灵感和冲动，想象着六千年前，我们的祖先在这块土地上对天对地祭祀的场景，似乎感受到了先民们那穿越六千年的思想。

读懂了吗？

这“世界岩画的母体”。（华东师大教授朱一良语）

“中华文明八千年的源头”。（著名考古学家苏秉琦语）

二、摩崖造像

海上丝绸路早开，
厥文史实证摩崖。
可能孔望山头像，
及见流沙白马来。

这是中国佛教协会主席赵朴初先生来连云港孔望山游览观光，看到孔望山摩崖造像时的由衷咏赞。

孔望山的摩崖造像，举世闻名，史学界、佛学界一致认为是东汉桓、灵之际的艺术遗存，比敦煌莫高窟造像还早二百多年，是中国最早的佛教摩崖造像，距今已有两千馀年。

孔望山摩崖造像，镌刻在丹崖色的花岗岩和片麻岩的山体上，远远望去，真是一幅兼工带写的人物山水画。当你走近它，静下心来慢慢欣赏和感受时，会有一种超然物外的感觉，那一缕缕汉唐之风扑面而来，比醇酒还让人陶醉。是啊，从摩崖造像雕刻至今，经历多少朝代的更迭，经历多少日月风霜的洗礼，至今仍然栩栩如生，辉耀石壁，面对此景，真是禁不住顿生思古之幽情啊。

造像位于孔望山南麓，长十七米，高八米，由一百零八尊造像组成。他们有的是佛，有的是菩萨，有的是力士，有的是供养人，有道教中的老子、黄帝、门亭长等有关造型。更为有趣的是，还有杂技、乐舞等汉代生活画面。这些造像，大的和真人差不多高，小的仅有十厘米，有站有坐，有跳有卧，形象和神态丰富多姿，异彩纷呈。

造像西侧第一个站立的是立佛像，你看他，头上戴着大髻，面孔方圆，深目高鼻，身着圆领大衫，炯炯有神的双眼目视前方，观望着宇宙大千。他双手放在胸前，右手五指分开，自然向上，掌心向外，作施无畏手印，左手持佛花。多么生动而形神兼备的、具有典型汉雕风格的造像啊。这尊造像曾被众多专业刊物和媒体作为标志图像使用。据佛经里解释，这种“施无畏”手印，“能施一切众生，安乐一切”，手印的姿势是用智慧手（右手）放在胸前，竖其五指，当肩向外，展现了佛像的威仪。

旁边的几个造像，都是以坐佛为中心，有坐有立，有的作惊讶状，有的作喜悦状，目光集中在坐佛身上，都是一副虔诚的样子，把一幅佛家“说法图”淋漓尽致又活灵活现地表现了出来。

在造像的中心偏右位置，是一组佛教经典故事——“初转法轮”图。那是释迦牟尼佛年轻英俊时悟佛的造像，全袈趺坐，头的后面有光环，左上方有菩提树，右上方有卧麒麟。这是释迦牟尼佛最早一个人坐在菩提树下悟佛的情景。他第一次悟出佛的道理，第一次讲经说法，称为初转法轮。造像中的涅槃像，是整个造像中人数最多、占地最突出的一组。这组造像，利用陡立的自然悬崖，雕刻出几簇密集的人群头像。这便是为了悲伤佛的入灭而凄楚哭泣的众弟子。这组造像的中间，有一尊肉红色石块雕成的佛祖横卧宝床的形象，其位置、颜色及姿势、神态都显得醒目而突出。

释迦牟尼的入灭形象，塑造得十分清晰、明白，达到了逼真而又传神的境地。

孔望山的涅槃图，是中国佛教石窟寺艺术中，时代最早、人数最多、场面最大的一组涅槃图。洛阳龙门，大同云冈，甚至敦煌莫高窟，都比之不及。它巧妙地利用山石的自然形势构图，把佛像安放在图像的正中，其弟子在周围，且石质的颜色，高浮雕的运作手法，精湛、工巧的雕塑技艺，都反映出造像者的独到的匠心和超人的智慧。

孔望山摩崖造像

在摩崖造像东五十米处，有一个圆雕石象，这是中国现存最大、雕刻最精的圆雕石象。石象和摩崖造像以及摩崖造像南一百米处的石蟾蜍，都应该是东汉时期东海庙的遗迹。

仔细观察大象，发现大象的四蹄踏着四朵莲花，这就是佛教典故中“乘象投胎”的故事。在象身上，还有一尊象奴，也是惟妙惟肖。以象比喻佛性，是佛教中一直宣扬的思想。

和石象南北相对的石蟾蜍，是利用突起于地面的岩石，以汉代圆雕方式凿刻出来的。石蟾蜍长约二米，宽约一米，满身布满鱼鳞状的花纹。石蟾蜍的腹部圆满，四肢平撑，造像非常夸张。在这里，石蟾蜍象征的是月亮，以示清辉永远。

外地人来连云港，都要来孔望山看看摩崖造像，看看石象和石蟾蜍，感受一下汉代遗风。如果经常来此驻足，流连，默想，粗俗可以变得高雅，蒙昧可以变得文明，能让人得到美的陶冶，美的净化，美的升华。

三、神乌赋

连云港博物馆馆藏“尹湾汉简”，系1993年在连云港市东海县温泉镇尹湾汉墓出土的竹简和木简，计竹简一百三十三枚和木简二十四枚，大约四万多字，内容包括：政府文书档案、术述历谱、私人文书、汉赋佚篇。竹简上明确记有“永始”、“元延”年号，其年代为西汉晚期成帝时期。1999年，中华书局出版《尹湾汉墓简牍》一书，较详尽地记述了出土的过程和汉简在史学、文学、书法艺术等多方面的成果。

这些汉简中，有《东海郡吏员总簿》《武库永始四年兵器集簿》等重要文献，还有《刑德行时》《行道吉凶》等占卜方法，而最为重要的是汉赋佚篇《神乌傅（赋)》（“傅”，在汉代，是“赋”的通假)。

该赋书写在二十一枚竹简上，每枚竹简长二十三点五厘米，宽零点九厘米。《神乌赋》全文六百六十馀字，是歌颂太阳鸟的一篇俗赋，其风格，更接近今天的民间文学。此赋以四言为主，用拟人化手法，讲述的是乌鸟争巢的故事：雌乌和偷盗筑巢材料的盗鸟展开了一场争斗，在血腥的争斗中，雌乌受伤严重，奄奄一息。临死前，雌雄乌鸦生死诀别，依依难舍，其情其景，催人泪下。赋中引用了《诗》《论语》《孝经》等儒家经典中的话，富于哲理，极富感染力。

乌，是远古神话中的神鸟，又叫太阳鸟，或“三足乌”，化身于光明，象征着生命。王充《论衡·说日》曰：“日国有三足乌。”《淮南子》曰：“尧时十日并出，草木焦枯，尧命羿射十日，中其九日。日中九乌皆死，坠其羽翼。”留下的一乌系三足，传为日精。

“惟此三月，春气始阳，众鸟皆昌，执虫坊皇。蠉蜚之类，乌最可贵，其性好仁，反哺于亲……”

《神乌赋》的发现，不仅将汉赋提早了二百馀年，在古代文学史上具有重大意义，补充了费振刚先生所编《全汉赋》的空白，同时，在书法艺术发展史上，也改变了传统的提法，为书法发展史提供了新的资料。

《神乌赋》的书法书体为章草，严格地说，是一种没有成熟的、不规范的章草。仅从书法学意义上来看，它的价值非常之高，首先，在已经发现的几十万枚简牍中，还没有这么用章草书体所写的文字内容；其次，两汉的简牍帛书多为实用，像这样带有明显“书法创作”的作品，非常罕见；最后，这篇赋，上，可以看出章草成熟的演变过程，下，可以窥见今草、以至于狂草的发展轨迹。

另外，这篇赋自身的书法审美价值也很高。从整体的效果来看，既具有浓厚的古朴美和神秘感，又有八分的开张和草书的流利、飞动。在用笔上，它保留了篆书古拙、圆转，给人的感觉是流畅中透出迟涩，格调古雅，气韵沉雄；在字的结构上，它的内涵丰富，有繁复的篆书、隶书结构，又有后来成熟草书的简约，所以它的每一个字都显得高古不俗。

正是因为《神乌赋》在文学及书法上的重要价值，日本每日新闻社、每日书道会和连云港市博物馆、扬州市博物馆于2000年7月，出版了一册精致的《江苏连云港、扬州新出土简牍选》，《神乌赋》被全篇影印选入，让我们一睹了《神乌赋》的文章风采和书法精髓。

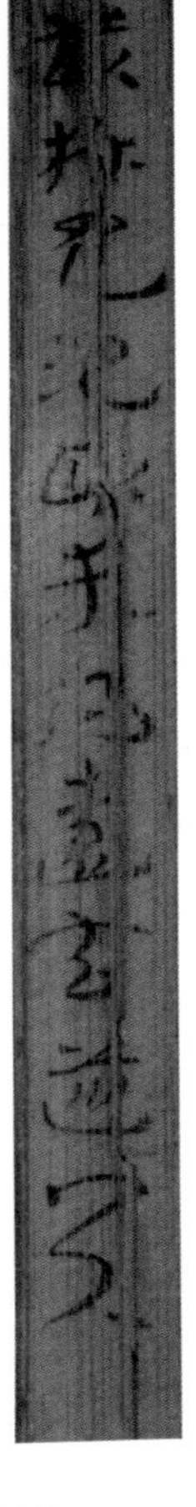

尹湾汉简《神乌赋》

随着《神乌赋》一同出土的其他汉简，同样也是“稀世珍品”，仅拿《东海郡吏员总簿》来说，在长二十三厘米、宽七厘米的木牍上，在正反两面，用规整的隶书，写了三千四百八十多个汉字，它记载了东海郡太守、都尉两府和所辖三十八个县、邑、侯国以及盐、铁两个都官的一共二千二百零三人的吏员设置，包括职名、俸秩、人数。

尹湾汉简的出土，被誉为是震惊世界的考古发现，出土的简牍以及毛笔、帛绣等一百多件文物，被列为国家一级文物，得到了科学的保护和珍藏。

尹湾汉简的历史价值、学术价值和文学价值，举世无双，它对中国的秦汉史、文学史、档案史、军事史、术数史、简牍史、中国政治制度史等方面，都将提供全方位的、有着第一手实物资料的补充。北京大学古文字专家、著名教授裘锡圭先生说：“就学术价值而言，对尹湾汉简牍怎么评价都不过分。”中华书局编审李解民先生还专门撰写文章，发表在《书品》杂志上，称其“将载入史册，长久地成为历史界、考古界关注的一个课题”。

四、港城三处读书台

读书台作为古人户外傲啸朗吟的处所，是相对于拥书万卷的书房而言的。天光月色，竹篱茅舍，只要有书就能读，只要想读就能读，这种洒脱与自由，比之书房，该是别有一番滋味的。所以，古往今来，单是有迹可寻的读书台、读书处在中国就有数百处，更不必说牛角挂书等读无定所的美妙故事了。

连云港的读书台，最负盛名的一处在海州石棚山，相传是宋朝大文学家、书法家石曼卿任海州（今连云港）通判时读书的地方。石曼卿，名延年，前文已有交代，史书记载他是“为人跌宕任气节，读书通大略，为文劲健，于诗最工，而善书”。就是说，石曼卿是诗人、文学家兼书法家。其实，石曼卿还有一好，就是喝酒。据沈括《梦溪笔谈》记载，石曼卿通判海州时，他的布衣朋友刘潜来访，两人便在石闼堰上摆酒豪饮，到半夜时酒喝完了，就拿出船中的一斗醋，一饮而尽。能诗善文而又好酒，一方面表现了石曼卿磊落不羁的名士风度，另一方面也为今日连云港留下了可资自豪的人文史迹，至今花果山飞泉的中流大石上，还留有他手书的“濯缨泉”三个大字。

石曼卿读书处在石棚山招头崖，向阳背风，前面是一块平坦的芳草地。吏务之馀，石曼卿就在这里吟诗读史。王余光、徐雁主编的《中国读书大辞典》这样介绍石棚山和石曼卿读书处：“石棚山以东崖有作飞来状的椭圆形巨石构建如棚而得名，其下可容数十人，石棚楣上镌有称赞曼卿的‘高行清风’四字。”“明人所书石壁间的‘石曼卿读书处’六个擘窠汉隶，深透石，古朴可爱。”因读书处上有石棚覆盖，形同小屋，当地人又叫它“石室”。当年石曼卿来到这里抚琴煮酒，怀着满腹愤慨和无奈，只好耽于诗酒，以诗言志，借酒浇愁。石棚山成为石曼卿人生不得意时放浪形骸、寄情诗酒的休憩之所。

“一片寒云覆石棚，空岩花草孰知名？何当自有山川后，千古唯闻石曼卿。”山因人而不朽，地因人而灵秀，前人的感叹说出了一个亘古不变的至理。而更为巧合的是，与顾乾《云台山志》中记载的桃花涧殷氏女以桃医疾、数年花满岩谷几乎相同，石曼卿给海州也留下了一山桃花为君开的仙迹。据欧阳修《六一诗话》记载：石曼卿任海州通判时，常游石棚山。他看到山高岭深，道路不通，于是叫人用泥巴裹着桃核抛掷于四面山岭。两年后，石棚山上漫山桃花，宛如铺上了一层锦绣。因此，石曼卿当年读书的石室又被称为锦岩。三十年后，苏东坡在游海州时作了一首《和蔡景繁题海州石室》诗，也曾道及此事：“芙蓉仙人旧游处，苍藤翠壁初无路。戏将桃核裹黄泥，石间散掷如风雨。坐令空中出锦绣，倚天照海花无数。”传说是美好的，但读书人的生前身后似乎总是寂寞的，石曼卿读书处此后虽然有苏轼、戴易等人登临咏怀，但终于还是湮没在萋萋荒草中。清杨锡绂有诗一首咏石曼卿读书处，诗云："偶将桃核裹春泥，花满青山树满蹊。赢得诗人溯遗迹，东风日暮鹧鸪啼。书声何处听孱颜，石室长年碧藓斑。只有一轮无恨月，千秋常照石棚山。"

连云港的另一处读书台，在中云虎窝后关村北的山坡上，顾乾《云台三十六景》中称之为"半山野眺"，并这样介绍："关里后关村，镜子崖下，构有草亭，为予兄弟读书别墅，虽无池馆之盛，然竹树森环，亦幽栖胜境。"半山有园，园中有亭，倚崖临涧，云台风光尽收眼底。可惜的是，半山园虽然曾经"天生丽质"，却"养在深闺人未识"。今天我们只能从志书的记载中略窥其面貌。

顾乾，明万历十四年（1586年）贡生，海州中云人。幼年与其弟顾坤（岁贡生，历官武定州学正，著有《云台山三十六景诗》一卷）在镜子崖半山草亭中读书吟史，后双双中举。顾乾曾任安徽繁昌县训导、山东乐陵王府教授。著有《东海志》《云台山志》。晚年回海州，自号"苍梧野史"，诗书自娱，终老云台山中。

当年"半山园"，四季竹树茂盛，幽涧清流，翠碧参天，有天籁可共鸣，无尘世之喧嚣，可以说是不可多得的读书佳处。民国张百川《云台导游诗钞》还说这里"春雨梨声

塔山古道

喧麦垄，秋风笠影晚蔬畦，满山月没锄争荷，三径云深锸共携。”田园诗般的风光令顾乾对虎窝半山情有独钟，故他在所著《云台山志》中极为推重，把这里列为云台山三十六景之一，并叹为“幽栖胜境”。清乾隆癸酉（1753年）冬，古歙（今扬州）人程购其遗址，修葺危亭，增建小筑，使其重现新姿，仍然叫做“半山园”，并自信地认为“概云台胜概无过此园”，可见十分宝爱。有人叫他给园子改名，他说：“自顾氏亭其上，而半山以名，顾复何庸心哉。余即顾氏旧，复新之亦顾氏志也。余但知云台之半山有园，园中有亭，如是而已。在彼在我，奚暇问哉？”因作《半山园跋》记其经过，并作诗一首咏半山园美景，诗云：“白云时往来，岩壑续还断。远听寺钟鸣，近爱山鸟唤。夕阳满山凹，相将来款段。有约定重来，兹游非汗漫。”前辈风流终有承继，此园后来又为灌云中正方氏所有。而书声似乎日趋式微了。

连云港的第三处读书台，在赣榆县境内的子贡山上。子贡山原名万松山，山上有一块圆滑平整的大石，名“端木晒书台”，是当年孔子的门生子贡晒书的地方，也是赣榆八景之一。

子贡，姓端木，名赐，字子贡，是孔子的得意门生。他不但能言善辩，而且胆识过人，深受孔子赏识。有一年，孔子闻知齐国要攻打鲁国，就选派子贡前往劝说齐王改变主意，消弭争战。

子贡果然不辱使命，顺利地实施了“止吴霸越，乱齐存鲁”的重大策略。他在回国途中路过万松山，但见满山林深草茂，鸟语花香，风景十分秀丽。子贡兴致勃发，登山游玩。来到万松山东北角的钓鱼台西边，发现一巨石平整如桌，圆滑似镜，便情不自禁端坐其上，打开书囊专心致志读起书来。他正读得入神，谁知晴空忽然涌起团团乌云，转眼间雨就倾盆而下，将其随身携带的简册尽数淋湿。正当子贡慌乱不知所措之时，阵雨骤歇，艳阳高照，满山遍野愈加清翠欲滴。子贡喜出望外，忙把淋湿的简册摊放在石上晾晒，不一会儿就晾干了。

后人为纪念此事，便在山上兴建了端木祠堂，万松山亦因此更名为子贡山。那巨石也因晒过子贡的书而得名“端木晒书台”。清代佚名文人有诗赞曰：“端木曝书处，嶙峋石径开。一拳孕灵气，千古剩荒台。人往方封帙，年深字化苔。我来游胜境，骧首几徘徊。”

五、飞泉碑林

花果山的“飞泉”不下十处。如果算上山东庄滴水崖这样季节性的飞泉（平时虽水流不断，却飞不起来），应该更多了。但我这里说的飞泉，是和碑林分不开的。大家都知道水帘洞的名声，知道“一派白虹起，千寻雪浪飞。海风吹不断，江月照还依。”这样的飞泉也是美景。如果没有文人雅士的诗咏题刻，纵使有孙悟空曾在洞内称王称霸、占山为王，怕是也要减弱打折吧。好在飞泉的题刻总是在的，并且和美景长相厮守，互为映照。

我们知道，水帘洞在《西游记》成书之前就名声很响了，明人顾乾《云台三十六景》里就有“神泉普润”，记云：“三元殿东上一里许有水帘洞。”刺史王同题曰“高山流水”，又题曰“神泉普润”。王同的题字刻石，就在水帘洞口，数百年来陪伴着水帘洞时光荏苒。但王同的题刻还不是最响的，比他晚题的“印心石屋”来头更大，出自道光皇帝的亲笔。本来这幅字，是道光皇帝赐给太子少保、兵部尚书、两江总督陶澍的，陶来海州革新盐政，便将御赐他的“印心石屋”刻于水帘洞壁，多少有些炫耀的意思吧。不过他题写的“百丈水帘，自古无人能手卷；一轮月镜，迄今何匠敢行磨”，还是有些意思的。

水帘洞的题刻，相比郁林观的飞泉石刻碑林，还只是“小来来”。

郁林观的飞泉，原来是真的飞起来的，从喷水崖上蹿起的水花有十数尺远。后来，为了保护石刻，不知谁出的馊主意，把阻止水流令之飞溅的巨石打掉，“飞泉”之势不若当年，只能称做瀑布了。幸而朝霞壁还在，狮子岩还在。在岩壁上，上自唐、宋，下及明、清，数十处的题刻保留完整，最有文学价值和书法价值的，当数唐《东海县郁林观东岩壁记》和宋《祖无择三言诗刻》。前者刻在飞泉之下一块平整的石面上，东西长四米，高两米多，时间为唐开元七年（719年）。海州司马崔惟怦之子崔逸撰文，刻成二十一行，每行十七个字，字径约三寸，字体为隶书，中规中矩，方正圆润。结体安排上追求古意，以篆入隶，甚至有许多字就是篆书的隶写。通篇观来，间宽得当，疏密停匀，整齐清峻，骨力通达，在用笔上追求变化，自然而不雕琢，既有唐隶的时代特色，又有书者个性化的艺术风格，是唐隶中的上品。全文近四百字，记述了云台山的自然景观：“雾月与碧海同深，朝霞与赤城争峻”，“悬流喷水，藏宿雨而时来；卧石理云，触摇风而不散。历时花木，红紫无名。”是一篇不可多得的朴实而典雅的记游散文。

宋朝女诗人李清照，在“载五车书至东海时”，将此刻收录到她编著的《金石录》中，可见这真的是一篇好文章。

花果山水帘洞

难怪后人有诗写道：

刻石崔公隶体奇，
东岩壁记笔淋漓。
丹文苔藓封斑驳，
绿字云霞映绿离。
洒墨烟深花落后，
摩崖泉挂元春时。
唐碑剥蚀经风雨，
我爱尊崇并鼎彝。

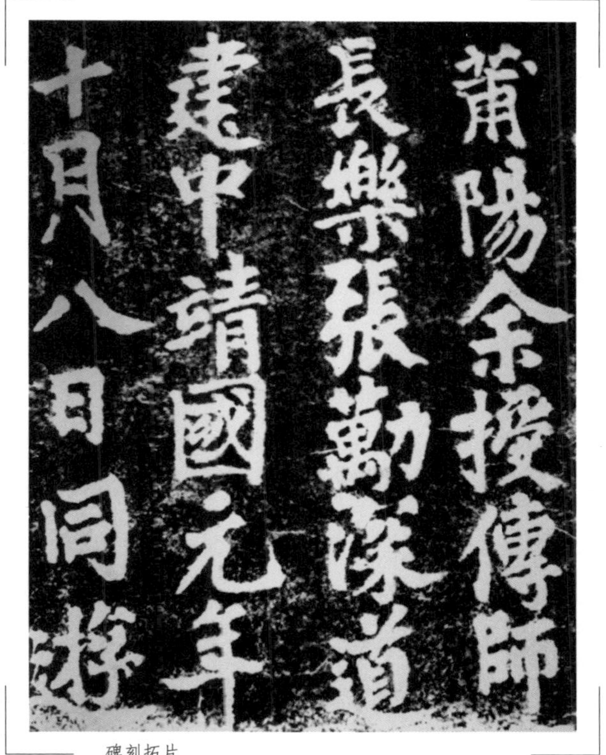

碑刻拓片

《祖无择三言诗》刻在《东岩壁记》西南十馀米的理云石上，高五米，宽六米，篆书，字径八寸，是北宋庆历四年（1044年）七月由祖无择撰文，苏唐卿篆书，王君章镌刻的。祖无择，河南上蔡人，字择之，北宋文学家，虽长相丑一点，却是个文章高手。苏唐卿，字至尧，陕西武功人，善篆书。王衮，字君章，山西清源人，金石名家。此诗刻，集三家文、笔、刀之长，结体于严谨中透出旷达之气，劲拔古朴，气魄沉雄，为碑刻之中不多见的“三绝”。

另外，三言诗，写作的人不多，能在花果山保留一块完整的三言诗，也算是另一绝了。正可谓诗中所说：“千万年，苍苔没，后有人，为吾拂。”

在此诗刻的东部，有北宋另一位文章高手石曼卿一首五言诗：“上蹲狮子石，下有濯缨泉。石崖对镌磨，唐宋留二贤。大暑日不到，银河倾九天。花气晓熏谷，春水如佩悬。久坐捐埃尘，冠弁斯泠然。”

这些题刻，包括明人王同的大书“飞泉”二字，都是碑刻中的精品之作。摹写默读，心与神俱，难怪清代大书法家钱泳在游览之后感叹道：“平生未曾见。”

我是常来飞泉的。在瞻仰了古人书法，识读了古人文章之后，再领略一下飞泉一带清幽的环境，心中在羡慕了古人的气度和潇洒之后，不免增添了些许清思，减少了些许俗态。

六、小镇人文

板浦，是连云港一座小镇，离市区约十几公里。别看小镇不起眼，名气却很响。不光在学术界、文化界，就是在民间，也是名声远播，比如“穿海州，吃板浦”，还有“吃在板浦”等，就是赞扬板浦的美食的。

有一首关于板浦的童谣，很好听，连说带唱的，我们小时候经常挂在嘴上：“讲古讲古，讲到板浦，板浦冒烟，讲到天边……”

为什么要讲到板浦呢？可能板浦的“古”太多了吧，只要开讲，必离不开板浦。作家张文宝先生写过一篇《板浦之梦》，开头有这样的话：“秋园里的百亩桃花正是开得最为喧闹的时候，却常常让人梦想着色彩斑斓的秋天；荷花池的残桥败荷瘦水点染出了冬的幽远意境，却勾起翩翩游人在肃杀的天气里对碧水涟漪、荷花蜻蜓、小桥惠风的梦想；国清禅寺苍苔斑驳，古意盎然，延引的百年对她仿佛只是一场梦觉，昨天和今天也是咫尺之间。”这篇文章是写《镜花缘》及其作者李汝珍的。当年，李汝珍就生活在板浦，写出了这本充满浪漫色彩的旷世名著。

李汝珍大约生于乾隆二十八年（1763年）。乾隆四十七年（1782年），随其兄李汝璜移家到板浦，李汝璜任板浦盐课司大使，直到嘉庆四年（1799年）才退休。李汝珍在板浦，靠着兄长的势力，大约生活也不差吧，不然，也不会续娶板浦著名学者许乔林的堂姐为妻的。当地的史籍里，说他在板浦“久作寓公”。也许正是这样闲散的生活，才使他有时间和精力埋头创作《镜花缘》吧。嘉庆二十三年（1818年），李汝珍带上写竣的《镜花缘》赴苏州刊刻成书，并在社会上广为流传。如今，在板浦，还有李汝珍纪念馆。

然而，李汝珍名气的响亮，那是后来的事。他在当年的板浦文人名士当中，根本排不上号，原因有二：一是写小说的人难登大雅之堂，不入流；二是板浦这地方，舞文弄墨的名士太多了，和他前后差不多时代的，就有著名经学大师、音律学家、曾参与《四库全书》编纂的凌廷堪，著名学者吴振勃、吴振勋、吴恒宣、程枚、许乔林、许桂林、乔绍侨、乔绍傅等数十位，特别是凌廷堪，更是知名当世。

凌廷堪祖籍安徽，生于1757年。父亲因家境贫困，年轻时投奔板浦外祖父许世贞，并在板浦成家立业，从事海盐生产。凌廷堪出生在板浦，六岁时父亲病故，然后入塾并发愤读书，年轻时就弃商从文，史书说他“天资敏慧，词曲一套，无师自通”。二十二岁那年，就参加了《曲海总目》的编纂工作。二十八岁去北京游学，和内阁大学士翁方纲相识并拜翁氏为师，参与了《四库全书》的编纂工作，从此名声大噪。三十五岁那年中进士，补为宁国府教授。

凌廷堪长期住在板浦，精通多门学问，诗词文赋不在话下，尤其精通经学和音韵学，一生勤奋著述，已刊印的就有《校礼堂文集》十六卷、《礼经释例》十四卷、《元遗山年谱》二卷、《后魏书音义》四卷、《燕乐考源》六卷等多种，可谓浩如烟海。此外，凌氏还用诗歌形式，论述了元明清三代数十位剧作家的作品、音律、演唱、音韵及艺术真实和历史真实的关系等，得《论曲绝句》三十多首，可谓独创。他还写作了大量反映家乡面貌和风物的作品数十篇，如《秦东门铭》《登谢禄山观海》《别峰桃雾》《东磊奇石》等。

凌廷堪去世三十年后，诗人、学者阮元路过板浦时，想起这位乾嘉学派的代表人物，不禁欷歔不已，他在《过海州板浦吊凌次仲》诗中感叹道："山海应以旧，斯人世已无。"

比凌廷堪小十三岁的吴振勃，也是著名经学家，同样才华盖世，和其胞弟吴振勋并称"板浦二吴"。

吴振勃，字兴孟，一字容如，号筠斋，生于乾隆三十五年（1770年），死于道光二十

李汝珍纪念馆正门

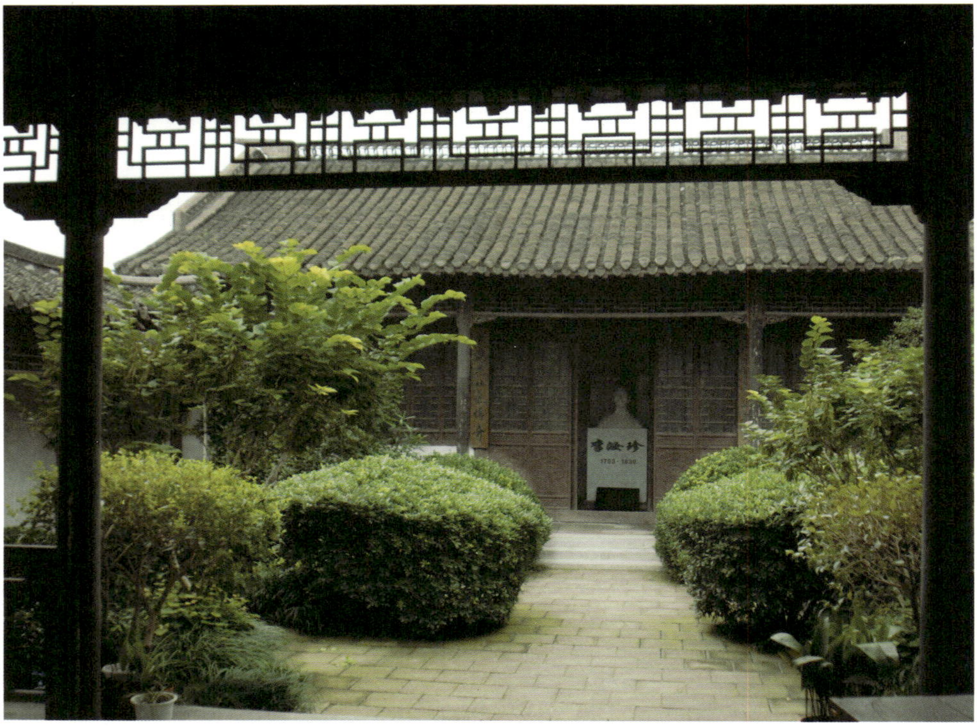

李汝珍纪念馆庭院

七年（1847年），比许“大先生”乔林早死五年，寿短一年。两人可是同时代的至交好友。吴振勃喜欢搜集古籍，有时无钱收购，便借回家抄录。吴氏长期生活在板浦，勤学苦读，著书立说，刊刻的有《经学考源》《音学考源》《春秋分类纪事》等，另有《先生言行录》《古诗课蒙》《金诗约选》《筠斋文稿》《筠斋诗录》《筠斋客话》等数种。

许桂林是乾嘉学派中另一个重量级人物，是“板浦二许”中的老二，但学问却在老大之上。他生于乾隆四十四年（1779年），死于道光二年（1822年），算来只活了四十三岁。这位十二岁就中秀才的神童，一生痴情于学问，苦读勤写，著有《许氏说音》十二卷、《宣西通》四卷、《太元后知》六卷、《参同契金阳大义》二卷、《步纬简明法》一卷、《日月合璧五星联珠考》一卷、《半古丛钞》八卷、《易确》二十卷、《庚辰读易记》三十二卷、《毛诗后记》八卷、《春秋三传地名考证》六卷、《谷梁传时月日释例》六卷、《汉世别本札记长义》四卷、《大学中庸讲义》二卷、《四书因论》二卷、《说文后解》十卷、《味无味斋文集》十六卷。可以说，在他生活的时代，他不是著书立说，就是手不释卷，在多个领域都有建树，比如他的《算牖》等四种探讨古代计算器具的著述，可以说是填补了这方面的空白，方志称他“以四算名世”。

许桂林一生没有离开过板浦，他在疾病缠身时，还不忘著述，终于英年早逝。病重期间，他自撰挽联云："只恨著书未了，要为孔圣明一经，望后起有人，党与吾徒传绝学；若论短命堪伤，已比颜子多十岁，况天上不苦，还从老母侍清游。"

另一位被冠以"大先生"的，是许桂林的胞兄许乔林，人称许大先生。许乔林，字仲贞，号石华，十四岁为秀才，嘉庆十二年（1807年）应乡试，中亚元。道光四年（1824年）任山东平阴知县，但第二年便辞官回乡，安心著述，并于"书馀暇日，弹琴啸歌，以诗酒相娱乐"。他曾帮弟弟许桂林协助知州唐仲冕编修《嘉庆海州直隶州志》，从此对地方志感兴趣，和谢元淮一起，辑有《云台新志》，编纂、主编了《票盐记略》《东平州志》《海州文献略》《朐海诗存》，著有《球阳锁语》及《诗略》《笔潭》等多种。

许大先生不做官，宁愿回家乡做学问，有人说他仕途不顺，时运不济。依我看，深层原因并不在此吧。据我的推想，他辞官来到家乡，恐怕是和板浦这地方深厚的文化底蕴有关吧——他的朋友和兄弟，可都是知名当世的学者啊，和他们一起谈文论学，恐怕是他最大的乐趣了。

小小的乡村小镇板浦，人文荟萃，可述可传的人物很多，是乾嘉学派活动的大舞台，短短几十年的时间内，出现十数位在学术上文学上卓有成就的人物，这在中国怕是少有的吧。

昔日的板浦，护城河绿水环绕，北海门、崇文门、峙云门等古城门耸立四方，六十多条青石板铺就的小巷，在古镇里纵横交错，许多古色古香的深宅大院就隐藏在这些小巷里，它们见证了板浦的四时变化和人文景观，见证了一个个在经学、史学、文学、方志学、音韵学等方面领风骚的名流大家，特别是开创了浪漫主义文学先河的《镜花缘》，就是在板浦的土壤上培育起来的奇葩。

如今的李汝珍纪念馆，每年都会吸引众多慕名前来的各地学子，一睹他著书立说的书房院舍，希望能讨得一池砚墨，沾染一星文气。

河畔夕照

第三章
海连大港港连云

改革开放，百川通畅，这就为大海边上的连云港人带来了活力，他们那种大海的性格得到了充分的发挥。当我第三次来访问连云港时，一个现代化的大港和一个初具规模的现代化城市已经显现在眼前。孙中山先生设想的东方大港成为现实了，连云港人花了整整八年时间，跨海造了一条六点七公里长的大堤，使得东西连岛和陆地连成一体。这不是一个简单的连接，大堤可以防浪，可以增加许多深水的泊位，由东南而来的风浪被挡住了，不平静的港区成了静静的港湾，正像那首《军港之夜》的歌儿所唱的。当然，这里不是军港，是商港，是一个前途无量的东方大港，因为新亚欧大陆桥的起点就在连云港码头的中央，集装箱可以从连云港直接送到荷兰的鹿特丹。

——陆文夫

连云港这个地方，对我并不陌生。仿仿佛佛知道它是个大港，和我家乡厦门一样，停泊着万吨以上的巨轮。沉甸甸的汽笛穿过晨雾暮霭，惊起一群一群水鸟；码头上吊车高耸，长臂此扬彼落，从碧波上，托浮起一轮针芒流转、光彩夺目的旭阳，又将这一枚熟透红艳而更加饱满的浆果接着了，轻轻放回霞蔚云霓的暖巢里。似乎可以目睹着它，再次从海底直接生长出一株擎天火树来。

……我看到的连云港，比我想象中还要壮观，还要宏伟，好像把整个不安的太平洋，呵护在怀抱里了。地理书告诉我们：连云港市位于南北过渡的交汇点，是贯通欧亚的各个桥路中路径最短的城市，所以成了国际通道中“新亚欧大陆桥”的东桥头堡，甚至有条件成为沟通三大洲、两大洋的咽喉要道。它因此生机勃勃因此繁忙喧闹因此宽博深厚。

——舒婷

一、情牵连云港

细心的人也许早就发现，连云港是我国内地唯一一个以港命名的地级市，从中可以看出港口对于这座城市的重要意义。是的，如果没有连云港港，也许就没有连云港这座城市，如果没有连云港港，连云港也许就不可能发展成为今天这座具有一定知名度的国际化海滨旅游胜地。因此，人们称连云港港的时候，习惯于只称连云港。连云港市和连云港港，已经混为一谈了。

让时光倒回一百多年前吧，那是中国历史上最黑暗的时期，也是黎明来临前的黑暗，谁都知道，这时候的黑暗，是黑暗中最黑的黑。在这样的茫茫长夜里，有一双眼睛，穿透遮天蔽日的黑暗，炯炯照耀着古老的中华大地，并构思着苦难深重的中华未来——他就是一代伟人孙中山。早在1870年，孙中山就是推翻清王朝腐败政权的积极活动家，他在与日本友人谈话时，对于起义地点的选择上，就曾谈到海州（连云港市前身），认为这里“北可进据山东以窥北京，南可夺取淮扬以通大江，则粮食无忧也”。这段谈话，《孙中山全集》里有详细记载。后来，因为形势变化，起义地点并没有选定在连云港，但是由于孙中山的海州之行和早期对连云港的研究了解，掌握了大量的关于连云港的第一手资料，在他撰写《建国方略·实业计划》时，把他对海州的思考写进了书中，他认为，在海州湾畔，有必要建立一座海港基地：

海州位于中国中部平原东陲，此平原者，世界中最广大肥沃之地区之一也。海州成为海港，则刚在北方大港与东方大港二大世界港之间，今已定为东西横贯中国中部大干线陇海铁路之终点。海州又有内地水运交通之便利，如使改良大运河其他水路系统已毕，则将北通黄河流域，中通扬子江流域。海州之通海深水路，可称较善。在沿江北境二百五十英里海岸之中，只此一点，可以容航洋巨舶逼近岸边数英里而已。

孙先生的建港构想，早已实现。而连云港在几代人的不懈努力下，也终于腾飞了。

连云港扎上了腾飞的翅膀，正向新的高度飞翔！

“青山为证，碧海为凭。”作为连云港干部读本的《文化连云港·领袖情牵桥头堡》里，开头就这样大声疾呼。是的，在连云港近几十年的发展史上，离不开历届中央领导的关心和厚爱。

据完恩全等人考证，毛泽东曾多次在谈话和文件批示中谈到连云港。1955年10月、1956年7月、1958年三四月间，毛泽东曾先后三次谈到“孙猴子老家在新海连市云台山”，毛泽东一再要求领导干部到“孙猴子老家”去转转，看看。1958年4月，胡耀邦任团中央第一书记期间，来新海连市（连云港市前身）调研，他一到连云港，就对市领导说，是毛主席叫我来的，叫我来看看孙猴子的老家到底是个什么样子。

毛泽东屡次号召大家到连云港来看看，为的是要大家学习孙悟空敢想敢干的精神，迅速改变国家“一穷二白”的面貌。

1958年9月20日，刘少奇来连云港视察，他在听取了地方和军队的领导人汇报后指出，盐业生产要双保险；要防止水稻倒伏；要发展渔业生产；荒地要开垦利用起来；墟沟海军医院所在的山头，不仅有军事意义，而且风景很好，上面可以建疗养院，下面可以建海滨浴场；云台山据说是一座仙山，要好好保护和开发。

1963年朱德元帅来连云港视察，他老人家对港口、盐坨、群众生活等进行了考察和询问，特别强调要把港口建设好，因为它是横贯中国东西的大铁路——陇海铁路的出海口。

1992年，江泽民来连云港视察，他首先全面地看了港口的规划，听取了汇报并视察了开发区和部分农渔业生产，然后对连云港领导着重讲了四点：第一，要始终不渝地坚持党的路线，坚持以经济建设为中心，坚持改革开放；第二，中央的大政方针已定，现在关键是落实；第三，根据当前国际国内的实际，要努力学习马列主义、毛泽东思想和邓小平理论；第四，长江后浪推前浪，革命前人育后人，要把革命事业接班人选好、培养好，这是我们的历史使命。最后他强调，一定要把港口和云台山建设好，开发好。

2007年元旦期间，温家宝总理来连云港视察调研，他在看望连云港港口集团职工、省劳模刘全家时，拿起茶几上的四个橘子，对省、市主要干部边摆边说，这一南一北是上海和青岛，最西面是阿拉山口，连云港就处在连接东西、沟通南北的重要节点和纽带上。连云港南联长三角，北接渤海湾，隔海东临东北亚，又过陇海铁路西连中西部地区以至中亚，在我国区域经济协调发展中具有重要战略地位，要做好规划，加快发展。

更有深切意味并令人难以忘怀的是，1997年3月3日上午10时40分，三架银灰色的专机从北京飞来，先后徐徐降落连云港机场。哀乐声中，改革开放总设计师小平同志的亲属，手捧遗像、花圈、骨灰盒、缓缓走下舷梯，在胡锦涛、丁关根等党和国家领导人及其亲属陪同下，来到搭建的灵堂，举行了庄严、简朴的告别仪式。时任中共中央政治局常委、中央书记处书记的胡锦涛同志发表了讲话。然后，小平同志的夫人卓琳在家人的搀扶下，由胡锦涛、丁关根等党和国家领导人陪同，登上了执行骨灰撒放任务的专机。

2008年春，曾经在邓小平身边的工作人员，来到邓小平骨灰播撒处的雕塑前献上花篮

后来，新华社长篇通讯《在大海中永生——邓小平同志骨灰撒放记》中这样写道：“……穿云破雾，专机向大海上空飞去，飞向这位一生波澜壮阔的伟人最迷恋的地方。也许是苍天为之动容，当专机飞临大海时，天空出现一道绚丽的彩虹……”就这样，建设中国特色社会主义的创导者邓小平的骨灰，遵照他的遗嘱，撒向海州湾的万顷碧波中。他老人家曾转战淮海大地，跑遍整个中国。他把他的骨灰撒在蓬莱、方丈、瀛洲三个仙岛和新亚欧大陆桥东桥头堡以东的大海里。他老人家生前未来连云港，但连云港人民一定会在这片海岸上，建成世界一流的东方大港，以告慰他的英灵。

二、桥头堡

巍巍天山皑皑雪，
漫漫古道滚滚沙。
一桥如虹贯欧亚，
丝绸之路绽新花。

这是1994年，时任国务院总理的李鹏在他下榻的连云港宾馆里，为全线贯通的新亚欧大陆桥题写的《新丝绸之路》。

就在题诗之前，李鹏站在新亚欧大陆桥桥头堡标志前，扬起手臂，高声宣布："新亚欧大陆桥起点就在这里！"

这一天，是1994年5月18日上午。

这一天，连云港港的天气格外的明亮，清风徐徐，阳光灿烂。

这一天，港区码头异常的繁忙，海鸥也叫得欢快。

历史会记住这一天。桥头堡也会记住这一天。

万里亚欧大陆桥桥头堡的标志，就耸立在港区里，就耸立在陇海铁路的起点，耸立在零公里处。这尊雕塑，气宇沉稳、朴实、大气，用熔铁铸成，高三米，由铁锚及其锚链组成，坐落在乳褐色的方形花岗岩底座上，就像一个见证过世纪风云的智者。从它下方延伸出去的钢轨，向西，向西，向西，穿过腹地中原，穿过茫茫沙漠，一直来到中俄

新亚欧大陆桥桥头堡雕塑

大港连云

边境的阿拉山口，然后与俄罗斯西伯利亚铁路接轨，直达世界第一大港——荷兰的鹿特丹港，全长一万零九百公里。

这是一条钢铁之路，除了辐射大半个中国，还辐射了亚欧非四十多个国家和地区。1992年12月1日，当新亚欧大陆桥第一列“东方特别快车”，从桥头堡标志前始发，就宣布了世界交通史上海上丝绸之路和陆上丝绸之路的对接。可以说，正是这次具有重大历史意义的事件，实现了大陆桥地区货物的东进西出，让这些国家和地区，进一步和世界连成了一体，同时，也让连云港和世界连成了一体。

事实上，连云港和世界经济的相连，从公元前2世纪就开始了。当年，秦王朝统一天下，修筑了“东方燕齐，南极吴楚”的中国第一条交通干线——“驰道”，经江苏、浙江，一直通往南方，得以将以咸阳为中心的向西的古代丝绸之路，延伸到黄海之滨的连云港——那时候还叫朐县。从此发端，经过历朝历代的更迭，连云港作为东部沿海的重要出海通道，一直承担着与之相应的历史使命。

如今，桥头堡雕塑，已经成为连云港港标志性设施，凡外地来港口参观的客人或旅游人员，都以到桥头堡雕塑前留影为自豪。桥头堡的零公里处，也赋予了新的象征意义：零，象征着起点，无论在什么样的基础上，无论在什么样的高度上，都从零开始，去攀登更高的目标。

桥头堡已经成为一种文化，一种象征，一种新的起点，代表着开始，代表着向远方的目标进发……

三、拦海大堤

一堤凌波起，海上飞彩虹。

连云港拦海大堤，是中国最长的拦海大堤，北起西连岛的江家嘴，南到墟沟黄石嘴，全长六千七百米，宛若一条海上巨龙，锁住海峡，为港池遮风挡浪。

拦海大堤不仅使连云港港拥有一个三十平方公里的港湾，八千多米长的岸线，以大堤作依托，可以再建四十多个泊位，另外，还使大堤成为一道靓丽的景观，使东西连岛这个江苏最大的海岛和大陆连成一体。

许多来连云港观光、旅游的外地宾客，都喜欢在大堤上停下来，面朝大海，背对港湾，留下那永恒的定格。

我也经常行走在连云港拦海大堤上，面对宏伟壮观的拦海大堤，面对天苍苍、海茫茫的大海，心里总是激荡着海潮一样的波澜。连云港港区就在我的视线内，港口的泊位上靠泊着一艘艘万吨巨轮，航道里各种船只也在穿梭来往，真是一派繁忙景象啊。港区内风平浪静，波光粼粼，鸽岛如大海上的盆景，在阳光下浮动、轻摇。海水里，倒映着莽莽云台山墨绿色的倒影，山头缥缈的云雾，或深或淡，或隐或现，忽动忽静，真如一幅巨大的山水画卷，淋漓尽致地展现着迷人的风姿。而此时的外海海域，又是海波连天的另一番景观，大海上巨浪翻涌，惊涛裂岸，卷起的浪花如雪，那种豪迈和气概，不由让人热血沸腾。

江苏省苏北作家代表大会期间，我曾经在凌晨时分，陪一位徐州诗人来大堤上看日出。我们起了个大早，从临海的北崮山宾馆徒步往大堤方向行走，在苍黄的路灯下，有许多人和我们同行。不用问，他们也是去看日出的。

到达大堤上，东方海面上还没有露出鱼肚白，海和天也呈同样的暗灰色，满天的星星似乎特别的明亮，映照在大海里，你会有一种海天融为一体的感觉。另一边的港池里，码头上、船舶上，灯光如昼，耀人眼目。

天还没有亮。是我们来早了吗？

有过看海上日出经验的人都知道，此时并不早。难得这样万里无云的好天气，早来，可以看到日出前海天交接处的变化。不是吗？你看，在正东偏北的方向，出现了传说中的鱼肚白，那白并没有跟着白下去进而出现霞光，而是突然地暗了，紧跟着，那暗中出现淡紫和淡青相混的色彩，海天相接的地方，像蘑菇一样拱起了一个白里透黄的半圆形，那半圆仿佛在不断地颤抖、颤抖，接着，轻轻一蹿，像抖落一身的薄雾，半个鲜艳的太阳探出了海面。对，她一露脸就是半个太阳，不是红色，也不是黄色，介于红黄之间吧。仿佛只是一眨眼的工夫，整个太阳就脱离了海面——且慢，怎么会有一条尾巴呢？那海水好像被升起的太阳带起了水帘，拽着太阳升了起来。悠然地，那水帘依依地落了下来，圆圆的太阳一跳，挂在了海平面上，霞光顿时映红了半个天空，整个海面也像血染一样嫣红。

人群这才发出欢呼声和惊叹声。有许多人用摄像机录下了大堤上看日出那激动人心的场景。

我身边的诗人也看呆了。他只是不停地吸气，吸气，说，用文字，根本无法形容此时的感受，平生，能见到这样的日出，足矣！接着，他望着东方的太阳，背诵了海子的诗："从明天起，做一个幸福的人，喂马、劈柴、周游世界；从明天起，关心粮食和蔬菜。我有一所房子，面向大海，春暖花开。"

晨曦中的拦海大堤，越发的清丽而迷人，阳光一无遮拦地照着宽阔的堤面，海浪轻轻地涌来，在挡浪墙上掀起浪花。

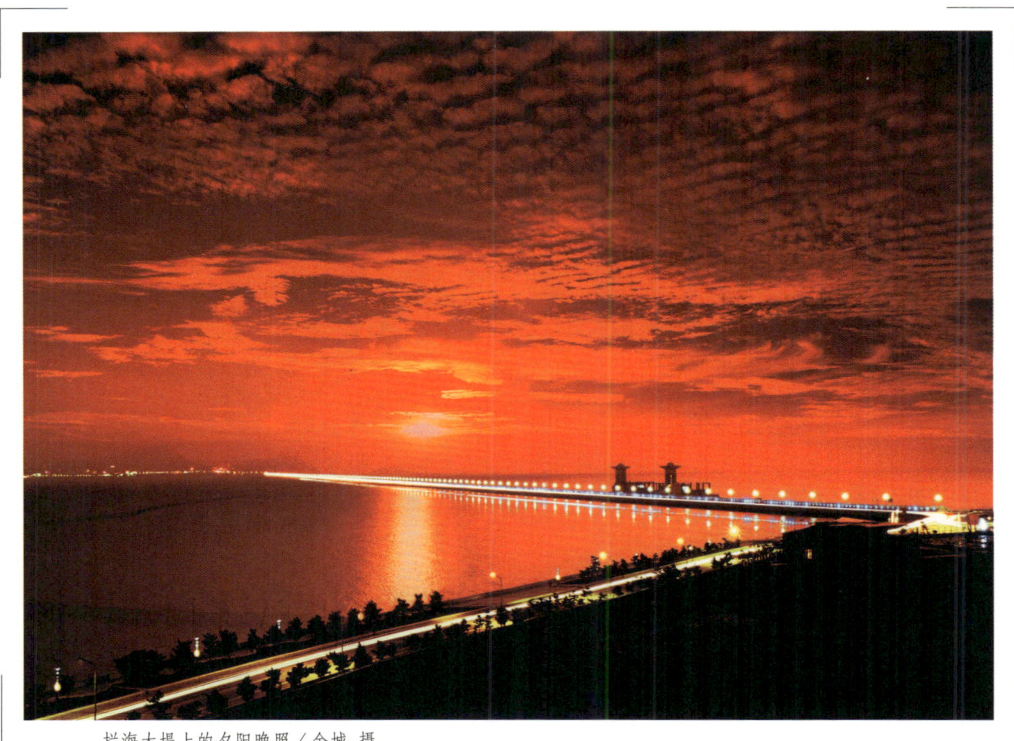

拦海大堤上的夕阳晚照／金城 摄

四、东方海岸线上的明珠

看大海港，是我一直的梦想。

我就生活在连云港，生活在海边，对于连云港港，也许真是太熟悉了，也许是天天耳闻目睹都是关于连云港港的新闻，也许是周围很多的邻居、熟人都是连云港港的员工，虽然也多次陪同外地的朋友近距离地在港口参观，目睹了港口的繁忙；虽然也在山上，在大桅尖险峻的峰顶，远距离地眺望，感受到了大海港的气势和宏伟，但，总好像还没有真正地亲近连云港港。是对它了解不够吗？还是没真正地走进去，没有真正地融进去？

那一天，得到允许，我一个人，带着一颗虔诚的心，悄悄地走进港区，我要心贴心地走走，看看，去和大海港交朋友。

大海轮有多大？我们习惯上说万吨巨轮，那天我是见识巨轮的风采了。

这是一艘散装货轮，它像一座漂浮在海上的巨型建筑，有种扑面的雄伟。我站在岸

滨海大道

边，它离我有一米多远的距离，城墙一样厚重的船体横亘在我的面前，有些霸道，有些不可一世，在它面前，我就像蚂蚁见到大象一样渺小，实际上，我连蚂蚁都不是，那种恢弘，那种气势，让人不由得顿生崇敬之情。

我问码头工人，这艘船是多少吨级的？工人显然也看出我的好奇，他们轻描淡写地说，这船不大，五万多吨吧，昨天走的那艘，八万多吨！又略带炫耀地说，大船我们见多了，十几万吨的我们都干过。

我用一加一等于二的办法，拿眼前的这艘巨轮作比较，想象着八万吨级、十几万吨级巨轮的概念，心里大致有了感受，觉得它们就是庞然大物，就是漂在海上的城。

码头上，有好几台皮带输送机在作业，我看出来，从皮带输送机下水一样流下来的，是小麦，一辆辆卡车排着队，直接就接走了小麦，然后再把小麦用同样的方法装进停在另一侧的火车车厢。这就是通常所说的流水作业吧。

在我的请求下，工人们带我到船上去看看。虽然我没有恐高症，但，大约十层楼高的软梯，还是让我害怕，同时，又充满了挑战和刺激。

爬到“楼顶”，我参观了驾驶舱，当我看到货舱时。我惊呆了，几十米深的货舱里，有三辆推土机在作业，把小麦往皮带输送机前集中。站在舱沿，我看到推土机真的就像一只奔忙的小蚂蚁，显得很小，很勤劳，急速地往返在货舱里。我曾经想象过这种散装船的货舱有多大，用多少平方米或多少立方米来描述，那只是准确的一堆数字。当看到一辆辆大型推土机在小麦的海洋里推动麦浪时，才知道船有多大。

在集装箱码头，我正巧又赶上了装船的壮观场面。一艘第六代集装箱船泊在岸边，几十台起重量达六十一吨的桥吊整齐地排列在码头，几十辆大卡车从堆场把一个个集装箱运来，停在桥吊下，从大约五层楼高的顶部放下来一个抓子，一把抓住集装箱，只见卡车抖动一下，集装箱就被牢牢地吊入空中，并迅速移动，准确地装到船上。几十台桥吊同时作业的场面，让人目不暇接，穿梭的车辆，隆隆的吊机声，更是气派而豪迈。

船上的集装箱层层叠叠已经有数十层了。它能装多少集装箱呢？我没有问，但是我知道，约五千标箱是没问题的，因为就在不久前的3月27日那天，在连云港港历史上，一个具有重大意义的日子到来了——这一天，全球最大的集装箱船之一、最大载箱量达九千五百个标箱的“中远宁波”号集装箱班轮，缓缓驶进港区，靠泊于30号大型集装箱专用泊位。

就在“中远宁波”号靠泊连云港港的同时，传来了另一个振奋人心的消息：连云港至欧洲的集装箱班轮主干航线正式开通。

这两大好消息，标志着港口已经在航道、泊位、集疏运功能等级上，得到了大幅度

新码头建设

提升，标志着连云港港在国内已经是屈指可数的集装箱运输干线大港之一了。

但是，有谁知道，连云港港的演革历程和所走过的艰难而曲折的道路呢。

连云港港是一座天然良港，它位于北纬34度44分，东经119度27分，如前所述，在祖国的分布图上，位置相当优越。

海州湾地区自秦汉以来直至清末，虽有得天独厚的港湾环境，但在长达两千馀年的历史进程中并没有发展成为一个真正的人工海港。海岸变迁是一个重要的原因，经济发展的迟缓也是一个决定性的因素。长期以来漕运和盐运主要是以内河航运为主。以海州为政治中心的边陲州邑，唐宋以来就是“下州”，商品经济既没有形成对内对外贸易的主要力量，也没有固定的贸易通商口岸。明清以来的“禁海”政策，更是大大地滞缓了海州地区对外开放和筑港的步伐。直到清朝末叶，由于五口通商的影响所及，封闭的海州湾终于自行开放，迅速形成了以海州为中心的苏北鲁南经济区，以粮油商品为主的出口贸易得到迅速的发展，创造了海港肇兴的条件。

连云港港真正的发展，从这个时候才算起步。

经过改革开放三十年的不断发展，连云港港终于呈现出了东方大港的雄姿，正向新的高峰阔步迈进。

国家对连云港港口的总体规划是：连云港港是国家沿海主要港口之一，是综合运输体系的重要枢纽，应充分发挥区位优势，逐步发展成为集装箱运输干线港，成为设施先进、功能完善、管理高效、效益显著、文明环保、多功能综合性的现代化港口，形成由海头柘汪港区、前三岛港区、旗台港区、马腰港区、庙岭港区、墟沟港区、大堤港区、埒子口港区、灌河港区组成的总体格局。对各港区的功能进行调整和定位，原有的港区仍作为综合运输枢纽，海湾内港区大宗散货和液体散货运输功能逐步转移至新港区。埒子口港区和海头柘汪港区依托临港工业起步，逐步发展成为为腹地经济发展和后方临港工业服务的综合性港区，以干散货、液体散货和散杂货运输为主，并预留远期发展集装箱运输的功能；前三岛港区以石油运输为主；灌河口港区以散杂货、化工品运输为主。

当晨风吹过，或夕阳唱晚，河边晨练的人们啊，你可听到河里响起的蛙鸣。

第四章
崛起在海边

一条条马路，

一块块绿地，

一幢幢高楼，

一座座饭店，

一家家宾馆……

这就是东部，

这里是城市形象的展示区，

这里是流光溢彩的绚丽浪漫之城，

这里是浓阴掩映的山海之都，

这里是令人流连忘返的度假胜地……

——这里就是海边崛起的城。

一、蔚蓝海岸

“在海一方”公园，是江苏省唯一的临海公园。公园里最显著的景点，不是建筑，不是流泉飞瀑，也不是大片的草坪和飞翔的海鸥，而是那一湾金色的沙滩。

这里每天游人如织，人头攒动，特别是那些外地来客，更是把这里当成至爱。他们赤着脚，踩在柔软的沙滩上，海潮轻轻地荡来，咬了他们的脚丫子，又调皮地退了回去。游人们追逐着海浪嬉戏，那退去的海潮突然又回来了，一下子漫过了他们的脚面或腿肚，于是，沙滩上响起快乐的惊叫声。有些人在沙滩上玩起了排球，那是真正的沙滩排球。有些人玩起了足球，那也是真正的沙滩足球。如果球落到了海水里，少不了又是一番欢呼。谁去大海里捞球呢？他们的规则是这样规定的，由落后的一方下海。哈，你瞧，那落后的一方就经常往海水里跑了，因为领先的一方总有办法让球落到海里。这样开心地玩上半天，再到海水里泡泡，在沙滩上晒个太阳，在草地上吃点冷饮，那种放松和休闲，没有亲身体验过的人，是感受不到那份愉悦和欢欣的。

站到在海一方公园上方的观光大道上，那一幢幢拔地而起、耸入蓝天的高楼，映照得青山更青，海湾更蓝。

蔚蓝海岸，真是名副其实啊，在只有二三十几平方公里的海岸风光带上，有江苏省最大的海岛东西连岛，有各种休闲、娱乐的度假酒店，有中国最长的拦海大堤，有全省最大的云台山国家森林公园，有全国著名的海港，有新亚欧大陆桥东方桥头堡的雕塑，有全国最长的公路隧道，有江苏省帆船帆板海上训练基地，有《桃花源记》描述的宿城风

蔚蓝海岸国际大酒店外景

光，更有像丛林一样的高楼大厦。飘逸、潇洒、神秘、清秀、古韵、悠远，是这里的本色和常态，很多人乐意住在这里，玩个三五天，甚至在这里度过整个盛夏，尽情享受阳光、沙滩、空气、尊贵和奢华。可以说，在这里度假，就是一种时尚和名气。

而蔚蓝海岸，就是高尚度假的同义词，堪比法国地中海沿岸的休闲风光带。

那么，蔚蓝海岸国际大酒店，无疑就是这里一颗耀眼而灿烂的明珠了。

这是一座集商务、会议、休闲、度假为一体的高档商务酒店，建成于2007年4月，建筑面积约三万平方米，装潢豪华、气派，所有设施均按五星级标准建设（目前为四星），拥有高贵、典雅的豪华套房、商务套房、会议厅、中西餐厅、各种类型宴会厅，服务功能和娱乐设施齐全，有大型恒温游泳馆、网球场、模拟高尔夫、棋牌室、台球室、射箭、沙狐球、雪茄吧、红酒吧等。

走进蔚蓝海岸国际大酒店大堂，迎面墙上是一幅巨大的壁画，壁画的设计理念紧紧扣住蔚蓝、大海、沙滩等海洋关键词，错落有致的板块式设计，使壁画更具层次感，抽象地分布着浪花、海水、沙滩、潮汐、海风和丰富的海底世界，既古朴、原始，又先锋、现代，恰如其分地诠释了酒店的风格。

吧台和大堂经理的背景壁画，可以说是迎宾壁画的分解，蔚蓝色的海底，海藻浮动，各种海洋生物分布其间，海葵、形形色色的贝类、鱼类、蟹类，在海水里游动、嬉戏，仿佛一个和谐的大社会。

在蔚蓝海岸国际大酒店，你能真切地感受到“服务体现在每一个细节上”，客人入住酒店登记时，那一杯恰到好处的热茶，让长途劳累的客人缩短了等待的时间；床头放置的一张天气提示卡，为身在异乡的客人适时地了解当地气象提供了方便；行李柜上的一张物品提示卡，让客人对客房配置一目了然。

奔忙一天的你，可以在蔚蓝海岸国际大酒店二楼平台品尝一下异地小吃，这是蔚蓝海岸推出的消夏美食节，以潇湘风味和秦淮小吃为主，当然也少不了海鲜烧烤了。他们特意从长沙五华国际大酒店请来湘菜名厨，来为广大港城食客和外地游人展示才艺。推出的小吃原材料，主要都是从长沙运过来的当地原产，比如毛氏红烧肉、手撕大排、湘西大片腊肉。使用当地原材料，可以保持那份特有的质地和滋味，让食客如入潇湘大地。秦淮小吃也是这样，推出秦淮小吃品种八十多样，以一干一稀配套组合而成，有荤有素，咸甜俱有，形态各异，其中大部分原材料也是从南京运来。而海鲜烧烤则都是当地特产的新鲜海鲜。

蔚蓝海岸国际大酒店，只是蔚蓝海岸的一个缩影。

到蔚蓝海岸，真的有宾至如归的感觉。

二、消逝的村庄

海州湾畔，一个存在数百年的渔村，即将消失了……也许，若干年后，人们无法讲述它的故事，但成千上万的历史见证人依然记得，那村庄的消失，是因为有一座更大、更靓、更现代化的“村庄”——海滨都市，将要在消失村庄的地方诞生。

我不是在这里简单的怀念。怀念不是主旋律，也不应该是主旋律。但是，许许多多关于“村庄”的故事，还在不断地流传……

让我们从这一天说起——2006年7月16日。

这一天，海湾还是那个海湾，小船也静静地泊在港池，海鸥还在蓝天碧海间展翅飞翔……这一天，仅从字面上看，是一个多么平常的日子啊。是的，就这么一个平常的日子，对于连云港城市建设，对于一个村庄的渔民，却有着不一般的特殊意义。

这一天上午，连云港市连云区召开滨海新城拆迁动员大会，会上决定，全市首个整建制村，即西墅、东哨片区，正式进入动迁阶段。

西墅、东哨这是两个挨在海边的村庄，一排一排的海浪长年累月地扑打在人家的墙基上。白天，海浪雪花飞溅，而夜晚，则是一团团淡紫色的火星潮。如果从隔岸的竹岛上看，那火星潮十分的壮观，先是暗蓝色的，像线一样，在大海上成排成排地推来，当暗蓝色的火星潮撞上拦海堤坝时，便炸开成美丽的淡紫色了。

多少年了，这美丽的火星潮都是西墅的夜景。如今，拆迁的锣声已经敲响，建设的序幕业已拉开，火星潮也会随着村庄的消失而消失吗？我不知道有谁会关心，事实上谁

海湾渔村

也不去关心，相比于轰轰烈烈的大拆迁，一个小小的火星潮，实在算不得什么。但是，我这里要说的是，火星潮就是建设者的心潮，热血的心潮，它必将陪伴着数以万计的建设者，在不同的岗位上，大显身手，大展威风。

是啊，拆迁，这个城市建设中的头等难题，就要在这个富裕的渔村开始了。

我们知道，每一次大规模的拆迁，同时也标志着新建设的开始。西墅人更是知道，连云港市海滨新城建设，就在西墅、东哨这片土地上全面启动了。

西墅、东哨的乡亲，多少年来，虽然住在宽敞明亮的大房子里，但样式混杂，公共设施也相对薄弱。海滨新城的建设，正是从改善群众居住环境、提升海滨城区形象的角度出发。这次动迁的西墅、东哨片区，还包括一条海鲜街，涉及九百户居民和四十一家企事业单位，总拆迁建筑面积十四馀万平方米。从规划的图纸上看，海滨新城规划总建设面积约四十平方公里，包括海州湾、胜利湖、北崮山、行政中心、规划新城居住区、北崮山旅游休闲区和“三轴”，即自然旅游休闲轴、山海度假疗养轴、都市发展轴。

这是个宏大的规划，可以说风帆正举，可以说气势如虹，在连云港市的建设史上，还从未有过。

5 月，是个充满活力的季节，也是人流如织的旅游旺季。

在这个西墅人对故土拳拳眷念的日子里，怀着对“西墅”的缅怀和好奇，我来到西墅，来到这片即将创造神话的地方。

汉字真是奇妙无穷，组合得当就会让你产生许多美妙的幻想——西墅，两个平平常常的方块字，就能感觉出这个村庄非同一般的品质。难道不是吗？仅从字面上理解，这可是个别墅一样的村庄啊。这个亦市亦镇的渔村，三面望海，一面背山，民居沿着不规则的海岸线和缓慢的山体依势而筑，多是两层或三层阔气的洋房式建筑，错落有致，风格各异，初来乍到的游人，或慕名来吃海鲜的城里人，还以为到了域外胜地，其实，这里离市区仅一山之隔，直线距离只有两三千米。

多少年来，西墅是平静的，他们望着大海，背靠青山，过着自己的日月，涛声和潮声世代陪伴着小村的渔民，打鱼，织网，修船，是他们生活的常态。

多少年来，太阳每天从海上升起，带起鲜红的、胖胖的、水淋淋的尾巴……而后，太阳又从海上降落，那大片的晕红，涂得海面像渔家少女害羞的脸蛋。

西墅有一条沿海的小街，不消说，街的这边是海，街的那一边是山。在无数个夏日的夜晚，我带着外地的朋友，来这里的海鲜大排档品尝新捞上来的海鲜。每一种海鲜都是鲜活的，看样点菜，或冷炝凉拌，或山水清煮，或煎炸红烧，都是那样的鲜美。

西墅人对于山那边喧哗和骚动的城市，对于那里的灯红和酒绿、车龙和人流，熟视无睹，不为所动，因为海，就是他们的前院，山，就是他们的后花园。

试想一下，有海为院、山为园这样的家园吗？

这就是西墅。

西墅人世代享用着。

可是，这个富饶、美丽而安静的渔村，即将拆迁了，未来的图景已经在纸上绘就。一座现代化的海滨新城，在未来十年，将在这片岸地上崛起。

那天，我在村后的沙滩上漫步，海湾里还有星散的渔船，阳光洒在海面上，海也仿佛平静了许多，闪着粼粼的波光。而我身后的渔村，静静的，就像亘古的海礁。村上不再有晾晒的鱼虾，也不再有织网的姑娘，他们在干什么呢？我本不想打扰他们，但我真的想听听他们内心的感受。

我找到一个老人，他姓程，村里有不少姓程的居民。我问他，想走吗？老人摇摇头。我又问，协议签了吗？老人说签了，口气里多少透露些许无奈，也有一丝淡淡的不爽。老人又说，也不是不想走，可在这里住了好几辈子了，虽然政府要把我们安排在花园式的小区里，那又怎么样呢？很好不是？我也说很好，哎——熟悉这里的地味、海腥味、鱼虾味啊。老人说罢，摇了摇头，有了一些伤感。

那么，年轻人又怎么想呢？

我碰到一个青年人，问了和老人相同的问题。

青年人倒是干脆：早走早好，我刚在那边买了门面房，我要把海鲜馆开到那边去，照样赚钱。

青年人说的那边，就是一山之隔的市区。

我又碰到一个年轻的女人，她被海风吹黑的脸上透出一丝精干，眼睛也闪闪发亮，她的话非常实在。她说，搬啊，我早就想住公寓楼了，就是拎不清一件事，住楼上了，还可以打鱼吗？那我的渔网晒在哪里啊？

我说，政府不安排别的工作吗？

她说，说是要安排的，可想来想去，我能做什么？还是没有打鱼靠谱。

从他们的话里，我感觉到，从他们的内心深处，既有

出海归来

着对即将成为城里人的淡淡的慌乱，也有着对未来生活的美好渴望。

我走在人迹稀少的村街上，希望还能碰到谁。

停在一些街巷里，有不少的轿车，黑的白的红的，看牌照，都是私家车。我知道这是西墅人的车。

到村中间，我看见正从屋里往外搬东西的中年汉子，我走上去打招呼，搬啦？

搬！

村上还有多少户没搬啊？

还有不少吧，其实都是搬了，屋里大都剩些小零星，像我这样的，没有几户了。他停下来，跟我说话。

你从前是干什么的？想搬吗？

从前？还能干什么。你看这牌子，老程海鲜馆，开饭店呗。他说，看你是记者吧？你问我想不想搬，想？不想？你让我咋回答？哈哈哈……

这是个多爽快的人啊，他心里有数呢。

我只好换一个话题，开饭店以前你是干什么工作呢？

那就远了，养紫菜，也逮鱼推虾皮钓螃蟹。

你还真是什么都干过啊。说真话，想离开这儿吗？我把话又绕了回来。

中年汉子再次哈哈大笑了，他略有自嘲地说，不是想走不想走的事，政府要在这里建设海滨新城，规划那么宏伟，动静那么大，不走干吗？政府是为了我们更好。不过，说真话，不想走！这不是嘛，孩子们都走了，就留我一个人看家，你看我也把东西都搬出来了，一会儿搬家公司的车子要来……唉，不瞒你说，我昨晚睡在这里，是睁着眼睡的，使劲睡也睡不着，我知道，这是最后一夜了，我要再听听涛声，再闻闻海腥味……

后来呢？

什么后来？

睡着了吗？

没……睁着眼，睡了一夜，也听了一夜……

是啊，毕竟是故土啊！

我看看他家的楼房，这是一座新建不久的三层民居，窗户都是铝合金的，墙壁上都贴着白色的瓷砖，大约有三百多平米吧。在这座楼房的门上，除了那块招牌，边上还有一个蓝底白字的小铁牌，这是他家的门牌号——西墅村三组33号。

说话间，响起了喇叭声，海湾那边拐弯的地方，一辆搬家公司的车子出现了。

又一户人家，告别了他们世代居住的渔村。

三、现代精卫

时任江苏省省长梁保华在连云港考察

村庄消失了。

海滩消失了。

火星潮也在远去……

随之而来的是各种机械和车辆。

国际性海滨城市和建构“一心三极”城市发展框架的核心——海滨新城，终于由图纸变成了工地。

2007年6月3日，连云港电视台主持人，背向大海，在向我们作现场解说：观众朋友，我现在是在海滨新城的建设现场，这里正在谱写一曲“沧海变桑田”的雄壮乐章。我们看到，一辆辆重型卡车倾石入海，一台台铲车跟进平整，成片的滩涂和浅海被规整成大块的陆地。连云港人建设国际性海滨城市的蓝图正一步步变成现实。

让时光倒流到2005年。

这一年春天，时任江苏省省委书记的李源潮来到连云港考察。

紧接着，省长梁保华率省有关部门的负责人也来连云港现场办公。

于是，在这年的8月，我们看到了一个个连云港东部沿海地区总体规划的模型，这些模型，有美国亚图建筑设计咨询（上海）有限公司设计的，有德国欧博迈亚工程咨询

（上海）有限公司设计的，有英国阿特金斯顾问有限公司设计的，也有深圳城市规划设计研究院设计的……这些模型气派非凡，卓尔不群。

于是，在连云港人的心目中，有了“一体两翼”组合港建设的构想，有了一纵一横T形产业骨架的构想，有了“一心三极”组团递进式城市发展的构想。

这些宏大的构想，在连云港建设者的统筹下，很快开始了实施。

那么，什么是“一体两翼”、“一心三极”呢？

“一体两翼”主要是指港区建设，以现有港区为主体，跳出现有港池，向南北两翼拓展……最终发展成为青岛和上海之间超亿吨的干线大港；“一心三极”就是突破原有的新海城区概念，以更广阔的视野寻求发展空间，建构以新海城区、赣榆县城、滨海新城为三极的新的大市区格局。

6月，我就站在滨海新城的建设工地上，这边是山，那边是海，山上青松滴翠，万花成片；海上波涛汹涌，鸥翔正健。海风吹来，风中带着强劲的力量，吹动着四周腾起的烟尘。

我在烟尘中行走，赶到了填海工地作业区。

一辆辆运土渣的工程车，歪歪扭扭地驶向海边，那沉重的身躯，那大功能的马力，那隆隆的噪音，都仿佛在说，我来了，然后，屁股一撅，“哗——轰——”海浪被高高地掀起来，又重重地落下去，与此同时，陆地向大海延伸了一寸。

是的，一寸，虽然只有短短的一寸，但是，你看，那紧跟着开来的、长龙一样的载重工程车，会让陆地继续地延伸。在这样一寸一寸不间断的延伸中，希望的新大陆和未来的海滨新城就会离我们越来越近。

另一边，一台台挖掘机，正挥舞着铲勺，把土渣铲平。一辆辆推土机，或进或退，平整着新成的陆地。

海还在咆哮——凶狠的海浪打在新土的岸上。

在浪潮和机械轰鸣声中，高音喇叭里正响着指挥人员的一声声指令。

这真是一个大工地啊，漫天飞扬的尘土，灼人的烈日，上万名忙碌的工人。

大海上空洁白的海鸥，展开美丽的翅膀，在静静地飞翔，不时响起嘹亮的鸣唱，它们未曾见过这如火如荼的大场面吗？还是在为建设者歌唱？

在高高的围堰上，站着现场调度员李启珍，这是一个三十五岁的汉子，戴着一顶红色的安全帽，脸有些黑，那是太阳晒、海风吹落下的遗痕；身上的衣服有些脏有些硬，那是海水、汗水和尘土造成的；眼睛炯炯有神，手势铿锵有力，精神高度集中，那是因工作容不得他有半点马虎和怠慢养成的习惯。

李启珍是去年海滨新城抛填建设全面启动后，来到这里做调度工作的。这个工作可不像想得那么简单、轻松，只是跑跑腿动动嘴就算完事的。他不但要头顶烈日，天天“吃”灰尘，时时吹海风，还要时刻注意安全，自己的安全，别人的安全，车辆机械的安全——那么多车辆机械来来往往，可不是好玩的。他工作的状态是，车来了，他就跑到过磅点迎接，然后将车引到坝头的指定倾倒点，让渣土准确地倒在指定位置。就这样，一天跑下来，少说也得有三百个来回。要是竖在海水里的标牌倾倒了，还得下去扶正。而麻烦的是，海水里的标牌经常倾倒，他就经常脱了鞋子，卷起裤子，跳进海水里去扶正或重新插好。海底情况不明，经常有滚石，他稍微不慎，就跌进海里，呛了一嘴泥沙。海水是咸的，没有淡水及时冲洗，再加上尘土和汗水，身上一直黏黏溻溻的，要多难受有多难受。但，一干起工作来，那种难受也就忘了。连他自己都奇怪，平时这么一个爱干净的人，居然能让自己脏成这样，还不影响心情不影响工作。原来，他心里支撑着的，只是工作，只是安全。

就这样，李启珍一干就是一年多。

在如此之大的填海工地上，像李启珍这样的建设者有多少人呢？应该不计其数吧。

随着机械的轰鸣声，我又来到号称海上“防护长城”的挡浪大堤工地。

在这里作业的，是连云区工程建设者们。

笔者在现场看到，土方、护坡、涵闸和道路四项工程已基本完工。完工后的海堤除了承担应有的防浪防潮，构成新城区的安全保障线，还将有什么样的功能呢？告诉朋友们，这里将建成一个集经济发展和旅游观光为一体的干线风景带。

放眼远眺，坚固的堤岸，平整的道路，蜿蜒而去。

堤上、堤下，许多工人们正在劳作，他们填淤护坡，建闸架桥，铺路整地。在他们的手下，在不久的将来，一条长达十九公里的堤顶观光大道，将在这里展现出它花团锦簇的美丽容颜。

众所周知，在近海浅滩建堤，地质情况相当复杂，而连云区承担海堤达标工程，还包括土石方工程、海堤护坡工程、涵闸拆建工程和堤顶道路工程，这些工程加在一起，给复杂的工程又增添了相当大的难度。

别的不说，我们只说淤泥吧。经过无数个年头的堆积和沉淀，表面平整的浅海淤泥，实际深浅和结构差距很大，浅的只有几米深，深的却有二三十米，而且软硬度不同，如果不把这些淤泥清走，抛填的土石方只是表面结实，却经不住时间的检验，一旦投入营运，淤泥随着潮汐游动，海堤也会跟着游走，如果这样，后果将不堪设想。

这可是关系着子孙后代的大事啊。

指挥部在这个问题上丝毫不马虎。经过协商，他们专门从港口集团和市水利设计院聘请了多位高级工程师，来解决这一难题。

指挥部副总工程师孙国昌就是其中一位。

在现场，笔者见到孙工，在说起海底清淤时，他说，难题天天都会遇到。这么大的工程，哪里能不碰到难题呢，就说滑坡吧，更是经常发生。造成滑坡的原因有很多，有的就是海底淤泥造成的。那么遇到问题怎么办？我们不能坐在办公室里听报告，不能光看图纸，这可解决不了问题。怎么办？好办，上现场啊。我们这些工程技术人员，可以说天天都在现场，遇到难题，立即和指挥部领导共同研究，一边给相关部门打报告，一边电话联系，让设计人员和有关工程技术人员立即赶到现场，绝不搞公文旅行。这样，问题解决既快，又能保证工程质量，还有就是节约时间。

小丁港闸围堰施工，按照计划半个月的时间就可以完成，但是由于风大浪急和海底淤泥较深的双重因素，晚上打好的围堰，第二天早上就荡然无存，始终不能合龙。为什么呢？原来，设计的时候是用土做围堰，用草包包住外面。但是事实证明，草包就是草包，经不住大浪几个回合，再加上潮水冲带，草包和泥土就不见了踪影。所以，工程技术人员经过研究，果断决定，用石料来进行围堰填充。

在大海里建坝围堰，最难的就是合龙，而合龙段的海域又是淤泥较深的地方。为了突破这一瓶颈，一边采取挤淤爆破的方法，一边调动大量车辆抢填，最多的时候，一天调动一百二十辆双桥卡车，集中石料来填充。就是在这样的工作强度下，才把这个围堰搞起来。

这就是火热的海滨新城的建设场面。

海滨新城初现容姿

[链接]连云港面向海洋出发

进入新世纪的连云港，“东部”成为发展的关键词。尤其是今年以来，连云港的“东进”步伐明显加快，东部国际海滨城市框架已经拉开，城市规划建设、工业园区建设两个轮子高速运转，几天不见，一条宽阔的马路、一片广阔的园区、一幢雄伟的高楼就出现在黄海之滨、云台山下。在东部大发展的带动下，整个连云港都有一股生机勃勃的发展气氛扑面而来。

所有的外地人到连云港，第一印象都是：只有到了东部沿海，才能感受到海滨城市的气息。因为历史形成的连云港市中心，离海边还有二十多公里，沿海城市的特色没有凸显出来。而东部滨海地区集中了能够体现连云港城市个性和优势的最优秀的要素，这里有港口、铁路，有依山傍海的特色风光，还有可以提供工业用地的广阔盐田，自然禀赋非常好，关键在于如何把这些资源整合好，迅速形成现实的生产力。

面向辽阔的海洋，建设具有自己独特优势的国际海滨城市，去年，连云港市第一次把整个海岸沿线约一千平方公里的市域拿出来，向国际招标进行统一规划。在八个入围规划中，经过多方论证，选定方案。显然，这是一种连云港城市发展史上从未有过的战

略性的调整。按照这样的思路，连云港市将在海州湾南岸建设一座海滨新城区，“沿海开放城市”将真正名副其实，其固有优势将得到挖掘、提升和强化。

市委书记王建华介绍说，21世纪是海洋经济大发展的时代，连云港必须突破内陆意识，拥抱海洋。在新的思路指导下，连云港迅速启动新航程。

第一是果断实施战略重点的东移，建设国际性海滨城市。因为东部滨海地区集中了能够体现连云港城市个性和优势的最优质的要素，有港口、铁路，有旅游资源、盐田资源，有城市基础，做好了得天独厚。根据专家建议，新城区将利用滩涂浅海五十平方公里，加上现有的城区和盐田，滨海新城将由目前的七平方公里发展成一百多平方公里，可以将港口岸线、生活岸线、旅游岸线进行合理安排，同时将产业区在更大空间上合理布局。为了建设国际海滨城市，连云港市东部城区第一批城区拆迁去年年底顺利完成，并于今年第一次对西墅这样的滨海渔村实施整体拆迁。

第二就是突出港口带动，构筑组合型深水大港。连云港未来要建设“一体两翼”的组合大港，使港口由一个变成五个，就是以现有港口为主体，向北建设海头和柘汪港区，向南建设灌河口和埒子口港区。港口发展明确了三个定位：一是集装箱优先发展的亿吨大港，港口的主体必须把集装箱运输做大，把高端的货运做大；二是上海和青岛之间最重要的干线港口，干线越多、航班越密集，货源来得就越多；三是带动区域共同发展的组合大港，新建一批深水码头，一批万吨级码头，深水深用，浅水浅用。港口目标是五年之后，初步拉开“一体两翼”组合港框架，实现港口吞吐量一点二亿吨，集装箱运量四百万标箱。

第三就是勾画产业布局，搭建生产力发展平台。一个城市没有工业支撑就不能可持续发展，从长远发展着想，要依靠大吞大吐的港口发展“搬不走”的临港工业，让工业与港口在互动中同步壮大。今年7月，是连云港东部的项目集中开工月，一百多个项目在开发区和连云区集中开工。在前几年临港产业区的基础上，连云港市按照新的总体规划，利用大片盐田和滩涂，新建的江宁工业园、昆山工业园、韩国工业园已经吸引大量投资。从北部的赣榆柘汪工业区，到南部的灌南堆沟港工业区，沿着海岸线，一批令世人瞩目的产业高地将在这里崛起。（程长春、王佩杰）

四、走笔东部

东部！东部！

不知从什么时候开始，东部这个词，突然在连云港市民的口中，变得火爆起来，变得时髦起来。

“五·一”小长假，我到东部去。

可以看到，东部城区迎来了不少外地游客，他们和我一样，对于日新月异的东部城区有些目不暇接，甚至是无所适从，只好不停地发出一声声感叹。感叹干净的街道，感叹新建的马路，感叹摩天的高楼，感叹靓丽的花园绿地，感叹透着浓浓喜庆的人群的精神面貌。是啊，要感叹的东西太多了，居住在山海相拥、美丽迷人的海滨城市，能不开心快乐吗，你就尽情地跟着我一起感叹好了。

漫步在海滨大道上，这边是忙碌的港池，这一边，可以看到一幢幢高楼和正在建设中的大厦，据说，近期竣工的高层建筑仅在东部城区就有二百多栋。我想，要不了多久，一个现代化的国际性海港城市将从规划的图纸上，走到现实当中来了。

那么，还是让我们来听听居住在东部的市民的心声吧。

“你是说东部吗？哈哈，那自然是越来越漂亮了。我最有发言权，我就生活在这里嘛，六七十年了，眼睛看到的，亲身经历的，就是这几年变化最大。你看，路宽吧，路上有花吧，你看拦海大堤，你看港口里忙的，你看这‘在海一方’，你看这些人，啧啧，说不尽呢……以前就是一个小渔村啊，没什么好讲的，脏兮兮乱糟糟，晴天晒死人，阴天不出门。就说十多年前吧，海棠路上最气派的建筑，也不过就是海棠宾馆，哈哈，那也叫宾馆，笑死了，那不过是海棠大队几间三层小楼罢了，灰不拉唧的，旁边就是猪圈和庄稼地。你看看现在，喏，那边是神州宾馆，四星级的，这边是蔚蓝海岸，什么级？五星还是四星？反正是高档饭店。哈哈哈，我是当地人，看着城市的成长，就像看着自己的孩子成长一样，有出息了，我当然自豪啊！我天天就在这里转，哪里也不想去。”

这是一个在海滨大道上散步的老人的话，很朴素，也很实在。

我想采访一个带着孩子散步的少妇，她咯咯笑着，追着小家伙远去了，那飘逸的裙裾和快乐的笑声，也让我体验到了生活的富足和美满。

“你是问我吗？你问对了，要说感受，别的不说，就说这海滨大道。我来连云港工作的头一年，就想来海边看看，什么也没有，破烂的挡浪堤下，净是黑糊糊的泥滩。我是河南人，老家要是来人，让我带他到海边看看，我都不好意思，我都说，海就是海，有

江苏省省长罗志军（左一）在连云港市市委书记王建华（左二）和连云港市代市长徐一平（左三）等陪同下视察连云港城市规划／樊晓姝 摄

什么好看的。现在，老家要是来人，我都主动带他们到海滨大道上来走几趟，到在海一方公园照几张相片，再招待他们吃一顿海鲜，连云港就让他们记得牢牢的了。没说的，连云港，我爱死你了！”

这个十多年前从河南来连云港工作的汉子，脸上透着的是自足的微笑。

这就是东部的魅力吗？

连云区领导对笔者介绍道：“东部确实非同一般了，就说正在建设中的连云港中央商务中心吧，自2005年，市委、市政府吹响了‘挥师东进、拥抱大海’的号角以来，地处东部的连云区，占据海滨城市规划的‘一心’和‘一极’，成为引领国际性海滨城市建设的核心和主力。这个国际商务中心是与南京、昆山国际商务区一起，被列为江苏省现代化服务的重点项目的，所以，加快中央商务中心的开发建设，对于迅速拉开海滨城市框架，提升海滨城区形象，意义特别重大。连云区举全力着力打造的商务中心‘两库一轴’工程，目前正在紧张建设中，这个工程预计投资在六千万元以上，将完成水库绿化面积三点三万平方米，山海景观轴西段工程启动开发总投资一点五亿元，并实施景观建设及商业休闲设施建设，进一步推进商务中心片区、金鼎湾二期、海客瀛洲二期、金海国际等九个重点项目建设，实施商务办公楼、高层商住楼、写字楼开发建设，这些项目，预计总投资达到四十亿元。”

听着这些振奋人心的介绍，不禁让我想起改革开放之初的“深圳速度”。如今，“深圳速度”已经在连云港得以进一步升华，我们叫它“东部速度”。照这样的速度，目前已经初显雏形的商务中心片区，会按照计划，很快崛起在港城的东部。

有一个外地朋友，我问他眼中的连云港是个什么样子。他说："从新浦到开发区再到东部城区，满眼都是吊车、塔桩，到处都是工地，不是高楼，就是厂房，特别是在东部城区，简直就是工地的海洋。"

是的，只要你到东部滨海地区走一走，脚步所至，目光所及，到处都是项目建设现场。如果你随便问一个戴安全帽的，他都会说出一个不同的工区。

听听四季花城房地产开发项目经理王达国怎么说的吧："我们东部城区啊，真的是一个基本建设高速度发展的城区，整个在建工程的面积有几千万平方米呢，国家五百强系

2008年春节前夕，连云港市市委书记王建华在市福利院拉着孤儿的手，祝福孩子们愉快成长／樊晓姝 摄

2008年春节前夕，连云港市市委书记王建华慰问老人／樊晓姝 摄

列的房地产商和投资经营商，都看好了这块宝地。你知道为什么吗？哈哈，因为这里环境好，有发展潜力！"

其实，不仅是城市在一天天长高，面积也在一天天扩大，四周的山区，低产的盐田，如今都是城市的一部分了。

世代住在东部城区的王浩敏是个业馀摄影家，他给这个城市的变化留下了数不清的照片。这几年，特别是东部大开发以来，城市的飞速发展深深地震撼着他。他背着相机，走遍城市的大街小巷，爬上了大小无数个山头，拍了无数张和城市有关的照片。

在王浩敏家里，我们看到他许多本影集，影集里也有那些反映东部城区变化的照片。谈到这些照片，王浩敏很得意，他指着一张大照片说："这张照片是我今年刚拍的，是我们连云港东部城区鸟瞰图。拍这张照片，我费了很多心思呢。看看，气派吧。看看这张，知道这是哪里吗？哈哈，这是中华路上的一个大转盘。这几年城市长大了，高楼林立了，大转盘看起来也就有了点韵味。你看看这张，这张照片是我十年前拍的，同一个大转盘，

2008年5月，连云港市代市长徐一平会见香港国际工商联合会执行主席左丹红／连云港市侨办 供稿

这周围都是农田，这是水稻，这是菜园。怎么样？这样一对比，有意思吧？”

对于自己的摄影作品，王浩敏还是很有心得的。他继续说：“十年前，我们东部城区只有海关、商检两幢高楼，而且也不算高，只能是矮子里选高个子。最近几年厉害了，我们东部城区大发展大建设，像东盛大厦啊、明珠万豪啊、阳光大厦啊、国展中心啊，还有商务中心周围这一带，都是高楼林立了。再看看这张照片，原来是西墅的一片海域，现在建设海滨新城了，已经开始在大面积地抛填。这张就是抛填的照片，等在这上面建上高楼了，我再跟踪拍，到那时，我这组照片可就有历史价值了。”

王浩敏是以摄影家的眼光来看待城市和记录城市的，那么对于那些普通市民呢？他们又得到了什么样的实惠呢？

城市规模和城市形象的快速改善，直接的结果就是老百姓得到了实惠。很多看见城市规划和城市发展的市民，看到了自己生活了一辈子的地方，已经建成或即将成为未来的滨海新城区的中心，心里多了许多企盼。

见到赵慧的时候，她还是那么朴素，那么谦和。

“你以前住在哪里啊？”

“以前啊？住的地方不怎么样，是在墟沟最西边的长安巷，那里紧挨着农村，周围都是废盐田，上班的时候要是碰上下雨那就麻烦了，穿着水鞋都出不来，自行车要扛着。房子也不大，三四十个平方，挤得很啊。”

“现在呢？搬进新居啦？房子阔气吧？”

“那是，大了许多哦，一百二十多平方啊，住着舒服啊。我们家变大了，整个墟沟街也变大了。”

其实不仅是赵慧，还有很多很多城市居民，享受到城市加速发展给他们带来的实实在在的好处，比如说绿地不断地增多，道路越来越宽广，小区越来越漂亮，公共服务设施越来越完善。出了门，就能望见山，看到海，空气洁净，处处美景，在这样的家园里，唱唱歌，跳个舞，散个步，遛遛鸟，真是人在城里行，如同画中人啊。

从这些赏心悦目的画面中，我们可以真切地感受到，东部城区变了，整个连云港也变了。其实，连云港是遇上了一个前所未有的发展好机遇，在这样如火如荼的发展热潮中，在这股越来越高涨的热潮中，城市在变，人也在变，人人都感受到“城市东进、拥抱大海”带来的实惠。

建设中的海滨新城

第五章
不断扩大的城

据《连云港日报》2008年4月14日头版头条消息，作为新海城区向东发展战略的首选区域，东河新城内的新浦区市民服务中心大楼的东西辅楼打下了第一根桩，与此同时，主楼静载实验桩工作也随之结束，地上施工正全面展开。

在这之前，横贯东河新城的凌州路已经实现全面通车，路两侧的绿化工程基本完工。

作为新海城区最具发展潜力和发展条件的凤凰新城，城区的中心道路、全长一千一百四十六米的中央景观大道，在短短三个月的时间内，主体施工已向南推进一千一百四十米，到达了红沙路上。配套的各种管线已经铺设，景观绿化施工已推进到纬三路，回填种植土四万多立方米，苗木种植正在进行，预计秋季绿化结束后，中央景观大道的景观效果即可形成。

连接新海城区和未来海滨新城的区间主干道——花果山大道，自去年年底实现简易通车后，建设脚步明显加快，短短三个月的时间内，排灌渠、地下水电管网铺设工作已进行了一半以上，道路绿化土方回填完成百分之九十。目前，大道北段开发区境内两侧的绿化工程已全面推开，大道南段绿化土方回填工程更是接近了尾声。

在新海城区科教创业园里，市职业技术学院的行政楼、体育馆等十栋建筑已经完成主体结构封顶。市师范专科学校的文科楼A区即将封顶，文科楼G区、理科楼C区四楼绑扎钢筋完成。716所研发工程的围墙、栏杆安装、场地道路硬化基本完成。

这是一条振奋人心、催人奋进的消息。

一曲东进北连的城市建设乐章正全面奏响。

一、东河在哪里

东河在哪里？

在清新的野外，新浦城区的东部，一个比较遥远的地方，有一条走向不明的河。五十年前，城市老住户去“东山根”（花果山下），要过几条河，其中有一条，就是这条“东大河”，它就是现在的东河吗？

我见过这条河，见过多次了，可以说也熟悉这条河。所谓的熟悉，也只是表面的，它岸堤平缓，被杂草覆盖，被密密匝匝的芦苇隐藏，清冽冽的河水里，拥挤着黛蓝色的水草，成群的“小麦娘”（一种小杂鱼，传说是草子出的）漂在水面上晒太阳，一有动静，连水花都不打，便消失得无影无踪。

河岸深深的芦苇里，隐藏着钓鱼的人，其中一个，是我的朋友，另一个，如果不是别人，那就是我了。河里野生的鲫鱼和鲤鱼，可是味道鲜美啊，是讲究人家餐桌上的头道菜。可惜我一直不是一个垂钓高手，朋友满载而归的时候，我往往两手空空。如果朋友们说我到东大河来甩竿垂钓完全是附庸风雅的话，我是不会反对的。但，我喜欢野外，喜欢河流的气息，喜欢这里的清新，喜欢这里的杂草和芦苇，许多时候，我都扔下渔具，

盐河小景

到处“单溜”，绊着没膝深的茅草，毫无目的地寻寻觅觅，一些童年的映象和往日的记忆跟随而来，那些变茅草玩游戏的伙伴，他们还好吗？你知道，夏天里，茅草是生命力最旺盛的草，快刀斩不尽，割了它又生。真是割得快长得也快。但是，我小时候割牛草，一般都不割它，主要是它不压秤；另外，茅草的草汁少，牛也不爱吃它；还有就是，茅草的新芽，俗称茅草针，很锋利，一不小心就能扎进肉里。但是，变茅草的游戏却是常玩的。

这种游戏的玩法，是用手指甲切两根尺把长的茅草叶，一根对折，包住另一根，一折一折地卷过去，一边折，一边说，“变，变，变茅草，你看茅草往哪跑。”如果你说往里跑了，其实它跑到了外边。如果你说往外跑了，它最终还包在里边。会玩的人手很快，茅草在手上绕来绕去，眼睛都跟不上。其实，变茅草的技巧主要在手上，对折的两片茅草，其中一片多折半圈，茅草就跑到外边了，少折半圈，茅草就回到里边了。

到了夏末秋初的时候，茅草的花穗就开放了，我们叫它茅英花。它是田间野头最靓的风景，像芦花一样，白茫茫的一片。秋风起时，茅花随风摇曳，起伏如雪浪，洁白的花穗在天空飘逸飞舞。如果你不小心走进茅英花的海洋，当心，脚下会有野兔突然惊跳起来，嗖地蹿进茅草丛中，眨眼就不见了。放眼远方，野兔会在某一个岗头回首眺望，似乎立起身来，跟你打一个眼罩，说声，拜拜啦您！

“东河”边上的新海高级中学

城市绿地

茅草地里的野兔，给我的童年和少年增添许多乐趣，也带来许多快乐的回忆。“北风起，雪漫天，茅草地，兔窝边，逮个野兔过大年。”就是那时候流传的童谣。

茅草的根茎，是一种非常特殊的根系，它像蛛网一样编织在地下。也许正是它四通八达的根须能充分吸收地气和养分，茅草才会长势那么好吧。中医对它的称呼特别有诗意：白茅根。《图经本草》云：“今处处有之，春生苗，布地如针，俗间谓之茅针，亦可啖，甚益小儿。夏生白花，茸茸然，至秋而枯，其根茎洁白，亦甚甘美，六月采根用。”《本草经疏》谓：“劳伤虚羸，必内热，茅根甘能补脾，甘则虽寒而不犯胃。”

由这些记载，可看出来茅草根茎的生物学功能和其特性。

现在，茅草对人们早就没有了诱惑，无论是草芽时候的茅荚，还是绿满沟渠河畔的茅草；无论是夏秋时节摇曳的茅花，还是生长在地下的根茎，有谁还惦念着它呢？走在这样的杂草里，让思绪飞翔，可能才是我最为乐意的吧。但也常常会有惊喜出现，比如会有一只野兔子，从你脚下忽地“飞”起，像冲锋艇一样在草浪上疾窜而去；也会有一只野鸡展翅起飞，跟着是一群的野鸡腾空而起，飞向远方。每当这时候，我都有一些内疚感，觉得不该打扰它们。正是我的不经意，才让这些珍贵的精灵们失去内心的平衡。我会在这时候收住脚，默默地祝福它们，然后来到河边，重新隐身于芦苇。

“东河”边上的淮海工学院

其实，芦苇于我们的城市，并不回避，或者说是齿唇相依，我无数次在城市的花圃、公园、街道、建筑物背后看到它，它是不经意的，却恰到好处，映衬着身边的城市更加整洁、潇洒，甚至有些飘柔妩媚或风度翩翩，让人禁不住想起江南，想起水乡。而河边的芦苇又是另一种品质，它更加的豪放，更加的浓密，并闪耀着华丽的光泽。

芦苇无疑是鸟类的栖息地，知名或不知名的鸟儿集中在这里，独享着安详和快乐。最多的一族就是“柴喳喳”们。这种鸟的个头比麻雀要大一点，和麻雀一样轻灵，喜欢贴着水面飞行，也喜欢在芦苇梢头喳喳鸣叫。这是一种很闹的鸟，它的学名叫什么，我不知道。有一种鸟，叫震旦鸦雀，失踪多年了，据说最近又被发现，这是一种濒临灭绝的鸟，已经被世界自然资源保护联盟列入濒危物种红皮书中，能在连云港发现，真是一大幸事。但是，震旦鸦雀是一种完全依赖芦苇的鸟，可以说离开芦苇，它就寸步难飞，不能生存。可怕的是，城市周围的芦苇，正在大面积地消失，震旦鸦雀又向何处去呢？老村在《痴人说梦》里记有一事，说永丰那地方，“发现了一种奇怪的灰鸟。每天下午便到镇子周围的林子里栖息。它们先是来三只侦察，然后来七只试探，试探没什么事情了，接着成千上万只鸟儿方才飞来。”老村感叹道：“此情此景假如放在我们人类身上，放在我们的子孙后代身上，又该是多么惨痛的结局啊。”连云港发现的震旦鸦雀，没有老村故事里的鸟聪明，智商很低，反应慢，容易被人捕捉到，而且生存能力极差，芦苇是它唯一的家园，而且是盐碱滩上的芦苇，简单说，就是连云港的芦苇，就是东河的芦苇。

在东河大片区里，早先落脚的，是淮海工学院，后来是新海高级中学，紧接着是行政中心大厦，现在更是轰轰烈烈的东河新城了。东河片区的盐碱滩，已经被成片的高档住宅区和风格各异的时尚建筑群侵蚀了。在一幢幢建筑和一条条路的交会处，芦苇还是一片片的展示着它的旺盛和生机。其实，芦苇知道自己的命运，它无意与风起云涌的建筑争宠，也无意与那些人工种植的草坪、花卉、乔木比肩，它只是随意随性地按照自己的风格生长，也许在不久之后，它们就会告别原有的河谷和滩涂，而到另一处更适合它生存的地方，继续完成自己的使命。

东河水在流，静静的，一端连接着大海，另一端和蔷薇河相通。在流经的区域里，它见证了开发区从无到有到强，见证了新墟公路从一条窄窄的乡间公路变成宽敞的花园式景观大道，现在又见证了轰轰烈烈正在建设中的东河新城。

东河感到自豪，这一次，直接以它名字来命名的新城，是连云港市未来发展的标志性城区；东河感到自豪，北接排淡河，南连玉带河，全长约十公里的河域得到了整治，有些河段，河道已经被拓宽，河岸铺上了青石，河边种植了观赏花草，成为市民休闲娱乐的场所。东河，这条昔日被茅草和芦苇覆盖的河，已经远离而去，成了旧时风景；东河，终于展示出了它应有的风姿和娇艳的芳容。

河边垂钓

二、现代人居

说到现代人居，当然绕不开城市的建筑。而说到城市的建筑，同样也离不开那些形式多样、风格各异的居住小区。说到小区，又每每和小家联系起来，实际上，小区和小家也的确是紧密相联的。

我们生活在“小家”里，并不是固守在自我的小天地里。每天不免也要踱出室外，融入小区环境和城市的环境里。所以，无论是小家、小区、城市，都是有一定的综合技术指标的。但，与此同时，也不能把小区当成自己的领地，甚至小家都不是你独有的，因为里面不免有你所左右不了的东西，硬件如格局，软件如气候、环境等。因而，我们说，现代人居，还得先从大环境入手。就是说，包括小家、小区、城市，还要强调整体的和谐。

这个和谐的概念应该包括人与自然的和谐，城市的发展与大自然的和谐，个人与社会的和谐，社区与家庭的和谐，人与人之间的和谐，人与内心的和谐等多重和谐。所以，作为一个居住点，绝不能简单地把建筑当建筑，把小区当小区，把小家当小家。这里面有许多要素，大致说来，是个大建筑的概念，要和周围甚至这个城市的品质相联系。山水啊，气氛啊等等，然后才开始讲究建筑本身或者小家的功能。

当然，上述的提法，是有其规范的，包括构建和谐社会的意识形态、国家规定、文学艺术、历史文化、科学分析、人文关怀等内容。

城市建筑当然可以追溯很远，但真正的快速发展，也就是近几年的事。

包括城市规划、城市布局、城市交通、城市环境、城市风格、城市绿化、城市个性、城市消费和人居观念等等。而房地产业，最能体现和反映一个城市的品性了。

在西盐河津华苑小区，策划人员用这样几个关键词来介绍：公园、水岸、学区、养生。公园是指新浦公园，水岸是指盐河岸边，学区指的就是新海实验中学，而养生，应该是统领前边三个关键词的总汇吧。

津华苑小区地处城市的中心，总建筑面积二十一万平方米，绿地率超过百分之五十五，由十三幢高层住宅和一幢多功能大厦组成。开发商在推广词中，进一步分解上述的四个关键词，用了这样的几段话：

“稀世中央地段：一个城市，只有一个中心！”

“得中心者，得天下。生活也不例外。任何城市中心，基本都是多数人向往，少数人拥有。”

“津华苑项目位于连云港新浦区主城核心区域海连中路，西盐河水岸，新海实验中学桂冠教育资源，新浦公园城市绿肺紧环四周。人文、生态、大隐于市的闹中享静，是珍品，更是艺术品。”

“紧邻的海连路是城市交通的主轴干道，周边交通状况非常的好，24路、27路、103路等公交线路在社区边均有站点，悠悠几步，汇入繁华；蓦然回首，顿融宁静。”

“社区五百米生活圈，‘一站式’居家无忧。物美价廉的农工商超市、人气沸腾的陇海步行街、新兴的盐河路美食街，工商银行、市邮局、电信局、黄海影剧院、新浦公园、中医院、农贸市场、新海实验中学、解放路小学等综合配套完善齐备，生活极其便利。”

“尽管在大多数城市中，很多人只停留在过去居住方式的认知上。但作为城市的中坚阶层已经开始追求更高品质的生活，他们与众不同，见解独到，讲究细节，注重品质，崇尚电梯生活，不再滞于爬楼梯，希望住到更高的地方，以开阔的视野品尝成功的永恒。对于他们而言，之前的每一步成功，都是因为走在时代的前面，居住也不例外，鼎大·津华苑以绝对的高度，体现生活的高度。”

从鼎大·津华苑的推销广告中，我们不难看出，这家建设中的小区所追求的品质和风格，主要就是体现在和谐上。周围的自然环境和配属环境固然重要，而人文的关怀似乎同样不可或缺。因为城市在一天天地长大，建筑越来越华丽高贵，人口也越来越拥挤。在这种情境下，文化会突然异变，和自然的和谐越来越隔膜，心灵也随之越来越压抑。那么平衡在哪里，和谐在哪里，这就是我们的开发商和建筑师要考虑的问题。而鼎大恰恰抓住了人们内心最敏感和脆弱的部分，加以推销和宣传，并切实地把这种理念融入建筑中去。

所以，共存，才是城市发展的真谛。与自然共存，与天、与地、与水、与空气、与树、与花、与草、与人们的日常生活，这样的共存，才是城市的发展之路。

这些年，或者说，从2003年以来，市区房地产业持续升温，呈现出投资活跃、供需两旺、健康繁荣的可喜局面。主要原因，就是许多开发商都能像鼎大那样，按照体现“海滨风光、山城相拥、现代港城”的特色，坚持规划一片、开发一片、建设一片、配套一片、管好一片的原则，大力推行住宅小区的规模化、现代化、智能化开发，使城市的发展步入了一个健康的快车道。

三、盐池的音色

从旧时地图上，看到在城市的郊外，一直延伸到海边，被一格格方方整整的特殊标记占据着，上边标录着“工区”，图例上写着“盐田”。

盐，一度是连云港标志性产业，一直有“盐大头”之称。连云港的盐，俗称“大籽盐”，色白，粒大，氯化钠含量达百分之九十五以上，口味香美，久负盛名。据少数民族民间传说，古代闺女出嫁，都要陪上一包盐，要是能选上一包淮北（连云港）大籽盐，那是件非常荣幸的事。

二十年前，一个秋天的早晨，风是温和的，蓝天格外干净，我陪外地来连云港采风的作家朋友到台北盐场参观，其中，有一个年轻的女诗人，东北长春人，高挑，大方，脸上总是充满疑问。也许是多年深居城市的缘故吧，对于盐业生产特别好奇。听说我们现在正在去盐场的路上，便打探盐的生产过程及其工艺。

作为陪同者之一，我自知了解的要多一些，便给他们介绍“海水成盐”的几种方法，在说到煮盐的时候，他们更有兴趣。

“就是用大锅煮吗？”女诗人问。

“对，原理上是这样。”

“那要多大锅呀？”女诗人的话充满好奇，眼睛里也充满好奇，仿佛在想象着那口巨大的铁锅。

车子恰巧拐上了运盐河边的路，河边码头上堆着山岭一样白花花的盐，女诗人更是吃惊地感叹道：“呀，这些是什么？”

“盐。”

“都是煮出来的？”

我们都笑了。一位陪同的小说家故意逗她道：“煮盐、晒盐、熬盐、煎盐，这些都是原始的制盐方法，成本高，费时，费人，费力，早就被淘汰了，现在的盐，都是树上长的。”

小说家的话像是尚未开始的传奇故事。

女诗人明知道小说家是调侃，也故作惊讶地配合道：“是吗？呀，一树白花花的盐，一排排一片片的，一定非常壮观，一定像雾凇一样漂亮吧。”

车上发出快乐的笑声。

到了盐场，迎着咸腥的海风，我们顺着盐滩笔直的通道向前走着，一块块一格格棋盘似的盐池，就像放满了水的稻田，只是遍滩之上不见寸草——盐分太大了。阳光毫无遮拦地照在结晶池内，跳跃着五彩的光泽，那黑红色的卤水里漂浮着朵朵盐花，仿佛银色的浮萍，风一吹，滴溜溜地打着旋转，再一层一层地结晶，盐就是这样长起来的，晶莹透亮，有棱有角，膘肥体壮。穿过这块盐田，另一边正在收盐，这里的结晶池里已经放干了卤水，白花花的盐有一两寸厚。盐工们告诉我们，这一块盐池有六千平方米，一次可采盐一千吨。

这可是难得的高产量啊。

女诗人没忘记小说家的调侃，执意要看看树上的盐，再次引来大家的欢笑声。

树上结盐的神话没有实现，而产盐的代价也是越来越高，许多低产盐田都渐渐退出了曾经高蹈的舞台，渐渐萎缩了。

20世纪90年代末的某天，我和朋友小朱到盐场看望一个搞养殖又喜欢下棋的朋友。一路上，许多盐池荒废了，过去一格格一田田的盐池，现在成了荒滩，成了野地——遍野蒿草，芦苇也布满其间。那一塘塘卤水，如今都哪去了呢？那整齐的围堰，怎么都不见踪影？在我的提议下，小朱把车停在路边，我们弃车步行，拨开没人高的蒿草，往深处走去。

有什么目的吗？小朱的眼神似乎在问。

我同样用眼神在告诉他，没有，真的没有。

但是，这可是我们一度熟稔的盐池啊，它当下的状态只能是这样吗？

真是什么也看不到了，曾经水连天、天连水的盐池，如今除了蒿草，还是蒿草。

蒿草统称盐蒿，其中有一种，就是餐桌上的美食海英菜。可惜这个季节已经是深秋了，不是采海英菜的时候。采摘海英菜必须是春天，那时候，盐碱滩头，盐池埂堰，到处都有海英菜，一簇簇，一丛丛，一片片，翠翠绿绿，生机盎然。

小朱是盐民的后代，他对如此多的蒿草既担忧又兴奋。担忧的是，这些草，一旦失火烧起来，势必对十几公里以外的城市造成污染。

“连云港市的盐博物馆不知建得怎么样了，要是表演海水煮盐的工艺，这些草还能派上用场呢。”

但是，也要不了这么多啊。

越来越密集的盐蒿像一堵墙，让我们每走一步都感到费力，而除了时有被惊飞的野鸡，好像还有别的动物——我们脚下的堰埂上，会有什么东西打的洞，有的洞能放进拳头，看来是个不小的家伙。我和小朱有些后怕，赶快退出了荒草覆盖的盐池。

盐场的路因为年久失修，非常的难走，近午时，我们才到达目的地——水库。

盐场的早晨／张晓晖 摄

不明就里的人，一定会问，水库？什么水库？该有一个名称吧？对不起，有的水库有名字，比如胜利水库、刘圩水库、张圩水库、二号水库等等，而有的水库，只能称水库，连编号都没的。因为盐场里，像这样的水库太多了，如果一定要有所区别，可以在水库前边加个“二圩南边的”或“三圩东边的”这些含糊的字样。

“晒盐没有鬼，全靠人滩水”，“海水上了滩，一时不得闲”，“无水不成卤，无水不生盐”，这些盐场的谚语里，都有水字。这里的水，都是指海水。把海水抽上来，放在一个一个大小不一的堰池里，这叫拿水上滩，盐民称做“拿水”。这些被“拿”上来的海水，就统称为“水库”了。一般“拿水”都在冬季里，冬季海水含盐量高，一百多斤海水就能晒一斤盐，所以要大量纳“寒潮”，把寒潮拿足，以便春夏产盐旺季时使用。“过了三月三，潮水不上滩”，说的就是这个理。另外就是，过了农历的三月，雨水增多，冲淡了海水，盐分也就降低了。

现在，水库的水已经不是用来晒盐的海水了，或者说不完全是海水，这种海水淡水混合在一起的水，老百姓俗称“两合水”或“阴阳水”。在“两合水”养鱼、养虾、养蟹、养蚌类，产量都很高。

我们这次所到的水库，就是我和小朱共同的朋友老蔡的养殖场。老蔡承包了这块水域，在这里养虾养蛤，前几年都亏了，近两年，据他自己说效益很好，但我们看不出来，感觉并不像他所说的那么“很好”，感觉和他亏了的那两年差不多，依旧是灰头土脸的，依旧是蔫不拉唧的。这次他邀请我们来，一方面是让我们来吃鱼，另一方面，是棋瘾上来了，电话里直接就叫嚣，要杀小朱一个三比蛋。小朱也是围棋高手，哪能被他吓住，就开车杀过来了。两人一见面就交上了火。我自告奋勇划着小船，到水库里捉鱼捞虾，为午饭做准备。

我划着小舢板，带着捞虾网，还有钓鱼竿，往水库里划。

水天一色的感觉，只有坐在小船上，才能真切地体验到。朝远看，不见岸边，那水是无限地延伸了，而四周那浩渺的水波，轻轻摇晃着小船，感觉有些惬意吧。

小水库水深平均不到一米，可能是鱼虾不多的缘故吧，水很清，很透，能清晰地看到水底的水草。水草有密有稀，在绿莹莹的水草丛中，有螃蟹、鱼虾和各种蛤蚌，丰富多姿，特别有意思。那些虾，已经不小了，白色的，成群成群的，我想网一网上来，但难度太大，试了几次，不成功，还是算了。钓鱼也没什么可钓的，都是小杂鱼。倒是那些小杂蟹，很好捉。

中午的餐桌上，有鱼有虾有蟹有蚌，只有那盘冷炝小杂蟹是我的战利品，其馀都是老蔡打电话让人送来的。说起今年的收成，老蔡沉吟半晌，说，还不错。

于是我们知道了，今年他可能又要亏了。

果然，不久后的一个阴雨天里，起塘了，盘点之后，老蔡叹息一声，不再承包了。

到了冬天时，我们跟老蔡来搬家，看到秋天时还水天一色的水库，已经干枯了，其模样，和周边其他的废盐池别无二致。

这就是我对盐池的印象。这些印象是粗率的，也可以说是含混的，但都是我个人的切身体验。

2008年暮春，我再次来到这片土地上，这里俨然已经变成了城市新区的一部分，是港城开放的另一块前沿，也是新海城区“东进北连”的枢纽地带，连接新海城区和海滨新城的花果山大道从这里豪迈地穿过。而大道两侧，更是一个工地的海洋，各种打桩机、推土机，在轰轰烈烈地作业生产，一些厂房已初具雏形，一些生活小区已开始规划，有的已经开工建设。我想，不久之后，这里就是成熟的新城区了。如果那时候有人说，这里曾经是一片废弃的盐田，有谁还相信呢？

花果山大道真的是一条大道，笔直、宽敞，双向六车道。走在花果山大道上，看到的，正是建设者忙碌的身影：许多人，许多车，许多彩旗……他们在给花果山大道回填绿化土方，并紧跟着进行工程绿化。

盐滩上崛起的城市

笔者过去了解一下，知道工作量已比原计划提前了不少天，仅开发区段，就平整绿化面积二十多万平方米，栽种乔木六千馀株，银杏一千六百馀棵。

我想象一下，如果明年我行走在花果山大道上，会是一种怎么样的境况呢？车窗外闪过的，是色彩鲜艳的绿化带，是一棵棵鲜花盛开的玉兰树，是苗圃一样的绿地。

那么，隔路相望的，那些旧日的盐池和水库呢？我是带着这样的好奇，开始向路两侧打量的，我看到的，除了吊车、桩机、车辆，就是建筑工人红红绿绿的安全帽。旧时的碧水银滩，真的成为历史的陈迹了。

人居环境

第六章
水晶恋

我们赞美水晶，水晶给东海人带来数不尽的财富。

我们赞美水晶，水晶改变了东海人的思想和观念。水晶，这神奇的精灵，是大地和上苍赐给东海人的厚礼。

东海县水晶的开发利用，见证了改革开放三十年东海的巨大变化。东海人凭着水晶这把晶莹的利器，强势出击，把东海打造成举世闻名的“中国水晶之都”和“世界石英中心”，成为世界上最大的水晶集散地之一。东海水晶产业集群已经实现了“从作坊型到公司型、从产品型到产业型、从粗放型到集约型、从附属型到支柱型、从区域型到国际型”的历史性跨越，硅产业集群实现产值一百一十点四亿元，加上水晶市场交易的六十五亿元产值，占全县经济总量的半壁江山，成为富民强县的第一支柱。特别是近年来，东海人和飞利浦、通用、东芝等知名跨国公司合作，提升硅产业的科技水平和国际竞争力，以水晶为主导的硅资源深加工企业超过五百家，其中国家级、省级高新技术企业二十五家，涌现出了太平洋石英、东海硅微粉等一批全国乃至亚洲的排头兵企业。

目前，东海硅产业已经衍生出石英玻璃管、硅微粉、石英玻璃原料、压电石英晶体、石英灯具等五大子产业，相关产品被广泛应用于国防、电子、航天、通讯、石油、冶金、化工等众多领域。

2008年5月17日，由国务院总理温家宝批示、国家发改委牵头，将东海县硅工业纳入国家发展战略，这是江苏省唯一获批的国家高新技术产业基地。

与此同时，东海水晶博物馆方案通过专家评审。东海水晶博物馆位于东海县行政中心西侧，规划用地面积一万四千九百四十四平方米，包括水晶收藏展示、文物收藏展示、硅材料工业展示、城市规划展示等功能。

国内著名专家帮助东海对硅产业的定位、产业链打造、产品和园区布局、企业规模级配、人才培养等方面进行了科学系统的全面规划。东海硅产业在这样的高起点上加速

原江苏省委书记李源潮（右一）由原连云港市委书记陈震林（右五）等领导陪同，视察连云港东海水晶市场

发展，在石英玻璃制品及电光源、硅微粉、压电水晶及晶体元器件、高纯硅等四大产业链相继形成后，东海成为世界石英加工中心，成为名副其实的“硅谷”。

一、这是一片神奇的土地

还是从三十年前的往事说起吧。

那时候，我还是一个乡村少年，住在房山南面的小村子里，和这座充满许多美丽传奇的小山隔河相望。河的那一边，习惯上称做“山前”，而山的那一边，就叫山后了。我们去镇子里赶集、办事、访亲、探友，山前弯曲的小道是必经之路。

路边，有许多坑塘。

这就是挖水晶石留下的“遗迹”。这些深深浅浅、大小不一、形状各异的坑塘，有新有旧，遍布在沟边、渠畔、岭头、堆岗。旧的坑塘当然是往年留下的了，而新的大都正在进行时——水滑的沙状红泥，红泥里夹杂着鸡蛋大小的火石（石英），堆在坑塘四周的沿口，像螃蟹打洞时吐出的新泥，说明坑塘里正有人挖水晶。我会悄悄地走过去，探头向下张望，直径一点五米左右、深两三米的坑塘里，果然有一颗黑色的人头，忽闪忽闪地动——他在挖水晶——挥起钢叉，狠狠地砸下去。

挖水晶人使用的工具，一般都是两股叉，钢火比较硬的那种，很沉实。当然也有铁锹，铁锹也是特制的，圆口，锋快，习惯称“钢锹”。这种工具我见过，比较笨重，使用这些工具真不容易，在我看来，不要说干活了，就是空手拿它，也会累得够呛。可“山前”人喜欢它，是因为它“耐用”，能克得动“篷”。“篷”，是“水晶路”上一道至关重要的关口，也是衡量有没有水晶的重要标志，简单说，只要挖到“篷”，基本上就找到水晶路了。找到了水晶路，那必定有水晶。可“篷”不是个简单的玩意儿，它坚硬无比，相当于花岗岩，是由无数颗细小的沙粒和碎火石挤压在一起，一般的铁叉和铁锹碰上它，不是叉股弯了，就是铁锹卷了口，工具损坏了不说，还耽误了挖水晶，要是被别人“拾二巧”挖到了大水晶，那可就后悔死了。

挖水晶时，一般不给人看，叫忌讳。为什么这样说呢？过去有很长一段时间，挖到的水晶都被哄抢，有的甚至发生械斗。清朝文人乔绍傅所纂的《古朐考略》中，就有一段因为挖到大水晶而发生一场大规模械斗的记载，说的就是我们房山山后村一个农民，在后岭自家农田里挖到了一条水晶大龙（水晶矿），大的晶体有碾盘大，小的也有拳头大小，一时引起轰动，四乡地主豪绅、恶霸流氓兴师动众前去哄抢。这些哄抢者有平明的朱姓、青伊的张姓、房山街的尹姓、曹浦的杨姓等数十股势力，他们均带人带枪，欲强行霸占，并展开血腥的械斗，打死打伤很多人。而这样的械斗，在历史上不知发生了多少次。渐渐地，在老百姓中形成了一种不成文的规矩——“见眼有一份”，即挖到水晶时，只要被别人看到，就得分一份给看见的人，自己拿九份，以此类推，如果有九人看到，自己只拿一份。当然，看到的人越少越好了，最好是没被别人看到。所以，挖水晶的人一般都很低调，不和别人说话，叫闷头发财。这样的惯例一直沿袭下来，渐渐地在老百姓中形成一种自觉：不去看人家挖水晶，怕人说心术不正，想贪别人的财。

所以，当我探头探脑向坑塘里张望时，那颗头变成了一张脸，很不友好地看着我，说，看什么？

我只好走开了。

我那时候也常常挖水晶，当然没有那种特制的钢叉钢锹了，只是普通的工具。

在冬天农闲里，我会跟着远房的一个叔叔上山，或者去山前山后的坡岭上。叔叔会在别人的坑塘边选一个点往下挖，而我由于力气小，多半也由于贪玩，只好顺着别人的熟塘往下挖，这叫撞大运，十之八九是没有收获的，但也有例外的时候，比如有一次，我在一个熟塘里大约向下挖有腿肚深，依然没有收获，连一块像样的花石（次等的水晶）都没有挖到，我泄气了，不想挖了，想换一个塘。从这个坑塘到另一个坑塘，爬上爬下要费很多事，童心未泯的我干脆在塘壁上打个洞，钻过去。因为两个坑塘相距只有不多宽，我很快就在塘壁上挖开一个小洞口。就在我进一步扩大洞口，以便我钻过去时，奇迹发生了，在一块深黄色的黏土落下来的瞬间，自然地一分为二，被黄黏土包裹着的亮汪汪的水晶，突然呈现在眼前，有半块砖头大。我惊呆了，看了半天，才禁不住大声地喊我叔叔。

叔叔不知道发生了什么事——他大约以为坑塘塌方了，赶快跑过来。

叔叔也一眼看到我脚尖前的水晶了，那块水晶纯度真高，表面平滑，像一汪水，静静地闪着墨色的光泽。叔叔也大吃一惊，他啊地惊叫一声，便跳下坑塘，脱下衣服，盖在水晶上，然后小心地包好水晶。

这块水晶，我拿到水晶收购站，卖了好价钱。

有了这次成功的经验，我多次在熟塘里挖，虽奇迹没有再度发生，但我仍乐此不疲，有种守株待兔的心理，有种十网打鱼九网空，逮到一网补上功的心理，因此，常常被叔叔笑话，说我别再想瞎猫碰死老鼠了。不过，笑话我的叔叔，运气比我差远了，我在熟塘里好歹瞎猫还碰到过死老鼠，他可是什么塘都挖过，连水晶影子都没有挖到。

1980年我到一家乡镇企业上班，和我相邻的一家企业就是石英粉厂。两个厂共用一个食堂。一天吃饭时，石英粉厂的一个青年过来跟我说话。他很牛皮，张口就说，我认识你，你在我们村挖过水晶！

这个青年，就是后来鼎鼎大名的“水晶大王”刘四。他真名叫什么，我不知道，我们那里人都叫他刘四。他在石英粉厂时间不长就走了。不过，在食堂吃饭时，还经常有人提到他，都和水晶有点关系，比如说，他帮谁卖了一块水晶，卖了好价；比如说，黑石岭出了大水晶，和他有关。有一次，说他赌钱输了个精光，发动村里的小孩子，田头野地给他搬石英石，他给孩子们每人一根冰棍，然后再雇驴车，把石英石拖到石英粉厂出售。他的石英石质量很次，一般是不收的，但由于是刘四的石头，厂里也不敢不收。最让他出大名的，是他不知从哪里搞了一块水晶雕件，卖了七八万的好价钱。

在那一段时间里，刘四似乎很牛。

听说他后来做水晶，成功了，后来又失败了，再后来又是成功……总之，在我的周围，刘四还是经常被提起。

我离开家乡十多年后，早就忘了刘四。直到 1993 年，才听说他搞了个石英拉管厂，是当地很有名望的私营企业家。

像刘四这样和水晶打一辈子交道的人，在东海不知有多少。

玲珑剔透的水晶，可以说，真的是成就了东海人啊。

数亿年来，水晶深藏在东海这片土地下。无数代东海人踩着纯洁的水晶脉络，在这片古老又年轻的土地上劳动、生息。东海县的水晶储藏量巨大，究竟有多少，由于是“鸡窝”状散落在各地，谁也说不清，但有人知道个大致，这就是 1955 年的阿尔莫斯佐娃。一听这名字，就知道是俄罗斯人。不错，就是这个苏联地质学家，和当年的华东地质局 304 地质队一起，在东海县的董马庄、牛山、房山、柘塘、蔡塘、和堂、马小埠、石湖、安营、红土山、白石山、芝麻坊等地，进行了普查勘探，认为全县共有石英脉四百条左右。挖过水晶的人都知道，水晶大都藏在石英脉里，石英脉又称水晶脉，而这水晶脉，就像一条地龙，蜿蜒曲折，向大地的深处钻去，追着地龙，必能挖到水晶。这四百多条大石英脉上，还有无数个小石英脉，它们深藏地下，七弯八拐，你不知道它究竟藏在哪里，所以无法集中大规模开采，只能由当地群众随意地挖掘。

其实，这种挖掘早在远古的时候就被开发利用了。据考古工作者发现，在距今一万年至两万年前东海大贤庄旧石器时代，众多的石器工具中，就有水晶砾石做的刮削器。在距今九千年前的锦屏山桃花涧旧石器遗址中，采集到一件紫石英制作的单刃刮削器，刃部有明显使用过的痕迹。桃花涧西坡黄土墩的一座汉墓里，出土过一件水晶打制的船底形石核，专家确认为古人类工具。在城头花厅新石器时代遗址中，挖掘出世界上最早的水晶串饰。

二、有多少水晶的故事不断流传

水晶，这个从鸿蒙时代走来的石精灵究竟是谁发现的？或者说，第一个发现水晶的是谁？考究这个，恐怕没有多少实际的意义。但，总有许多美丽的传说，在这片神奇的土地上流传。

传说之一 远古时代，在古老的东夷部落，有一座美丽的小山，山上有巨石如房，就叫房山。房山上住着一个勤劳又本分的英俊小伙子，终年以打柴为生。天上的水晶仙子看到他吃苦耐劳，悄悄爱上了他，偷偷下凡，来到人间，和小伙子邂逅于山巅，并最终和小伙子结成夫妻。但由于山上缺水，吃水困难，庄稼也长不好，生活一直艰辛。水晶仙子便在一个十五月圆的夜晚，趁着小伙子熟睡的当儿，在半山腰用手指一点，点出了一眼甘甜的泉水，这就是后来的“上清泉”；水晶仙子又在山脚下一点，点出另一眼泉水，这就是后来的“下清泉”。有了这两眼泉水，有水做饭，有水浇地，生活越来越好。可事隔不久，被王母娘娘发现了，遂派天兵天将把水晶仙子押回天宫。水晶仙子在回天庭的路上，望着凡间的丈夫，泪如雨下，一路不停。水晶仙子瓢泼似的泪水浸到地下，变成了晶莹透明的水晶。

传说之二 很久以前，城头有一个叫赵二的人，老母病重。为了给母亲治病，赵二在海州一带做小生意，未料想生意做亏了，无法回家。过两天就是除夕了，赵二躲在海州西门外路边独自哀叹，恨自己无能。

几近黄昏时，赵二看到一个贫病交加的老太太躺在城门外的墙根下呻吟，脸色蜡黄，声音凄惨，赵二走过去看看，见老太太奄奄一息，即将不久于人世。赵二想起家中的老母，不禁动了恻隐之心，就将怀里的几块干馍头分一半给她吃，还把仅有的几钱银子送给了老太太。

赵二见天色已晚，又把老太太送到附近的一家客栈。

赵二惦记着家中老母，就告辞老太太，匆匆往家里赶。由于夜黑路险，赵二走着走着，不知不觉迷了路。正焦急间，赵二看到前边有一团紫光，一跳一跳的，把周围都照亮了，赵二重新认清了路。而那团紫光，也一直在赵二的前边指引着他，好像专门为他带路似的。天蒙蒙亮时，赵二终于走到了城头后湖，那团紫光也消失在一个岗头上。

赵二回到家中，陪了老母亲一天，发现母亲的病突然好了，神清气爽的，能吃两碗饭，十分高兴，就把夜里的奇遇讲给母亲听。母亲见多识广，让赵二到后湖岗头去看看，说不定是遇上水晶仙子了。

东海水晶雕件

赵二来到紫光消失的地方挖一个坑，果然挖到一块大水晶。

原来，那个老太太就是水晶仙子，她在体察民情时发现了赵二，经过测试，发现赵二是个孝顺的好心人，就让他得了大水晶。

传说之三 在古老的东夷大地上，有三座神山，一座叫牛山，一座叫白玉山，一座叫马陵山。在三座神山的怀抱中，有一湾绿水，唤作晶湖。这三山一水，各有神灵护守。牛山神较老，马陵山神和白玉山神都是年轻英俊的小伙子，而晶湖神呢，又是一个青春靓丽的美少女。晶湖神的美丽，自然引来马陵山神和白玉山神的爱慕了。两位山神几乎同时向晶湖女神表达了心中的爱。这可叫晶湖女神犯难了。两位山神，一个白净斯文，一个纯朴敦厚，晶湖女神都喜爱，可一女不嫁二夫，怎么办呢？女神思忖一番，说，这样吧，你们二位先回去，待明年春暖花开时节，谁个子长大长高，我就嫁给谁。

马陵山神回去以后，发挥自己的优势，拼命地横长，一直长到南边的宿迁、北边的秣陵，绵延数百里。而白玉山神为了不占用老百姓的农田，拼命地长高，往天上长，一直长到玉皇大帝的灵霄宝殿前，把玉皇大帝的太阳都遮住了。玉皇大帝勃然大怒，挥起手臂，一个巨掌拍向白玉山，立刻天昏地暗，白玉山霎时粉身碎骨，像一阵雨，纷纷扬扬散落在晶湖边上。晶湖女神惊呆了，嚎啕大哭，满山遍野搜索寻找白玉山神散落的遗骸，所到之处，热泪成行，点点滴滴洒落在大大小小的石头上，这些石头遂化成水晶，表示晶湖女神纯洁的爱。

关于东海水晶的传说还有很多，不同的版本有不同的讲述，都是无一例外地美丽神奇。

时光很快就来到20世纪90年代，改革开放的东风吹拂在东海这片神奇的土地上，东海水晶的传说还在继续，并有了新的版本。

新传奇之一：哈雷彗星 1990年代初的某一天，东海县城牛山，一条不起眼的街道上，尘土飞扬，人头攒动，各种水晶石和简单的水晶制品正在交易中。人们就像赶集卖菜一样，把挖出来的水晶和初步加工的装饰品拿来，摆在地上，等候着顾客来问价。

朱景强，一个二十来岁的年轻人，此时还是东海县高级中学的生物老师，这两年“随大流”也搞起一个水晶加工厂，以生产水晶项链、手链等简单的饰品为主，生意不好不坏，正为如何进一步开拓市场和开发新产品而动脑子。这天他也来到“水晶一条街”上采购原料，在买了一些透明度极高的水晶石之后，开始在街上闲转。一个卖水晶石的小伙子引起他的注意。小伙子面前的地上堆着一堆略显零乱的水晶石，朱景强走过去，在这堆乱石里挑选，发现纯度高的水晶石都被挑走了。他翻检了一会儿，没有淘到中意的水晶，正欲离去时，一块鹅蛋大的水晶跳进他的视线。初看，这块水晶并无特别之处，或者说，还不符合当时对于水晶的认识标准。那时候，人们对于水晶的认识，首当其冲的，是对纯洁度的迷恋，认为纯洁度越高价钱越贵，而带有杂质的晶体，则大多被人遗弃。这块水晶恰巧带有杂质，既不能开眼镜片，也不能磨项链，属于次等品。但是受过高等教育、并正在为如何开发新产品而苦思冥想的朱景强，潜意识里觉得这块水晶必有其特有的价值，便随意地问一声价。小伙子拿过石头，对着太阳望一眼，又看看面前这个文质彬彬的年轻人，开口要了二十块钱。

太贵了，朱景强说，开不出多少料子来。

小伙子说，你看准了，就中间有些杂质，能开不少料子。

所谓“料子”，就是把晶体洗净，在切割机上切成一块一块的颗粒，主要用来打磨项链和手链。

朱景强摇摇头。

小伙子说，你给个价吧。

朱景强又拿起石头，看到晶体里的“杂质”像一根根金色的牛毛，非常有规则地排列着，一端呈放射状，另一端收缩在一个小包浆体上，形状非常特别。凭感觉，觉得这是好东西。朱景强心里有些激动，但他还是冷静地说，这样吧，十二块钱，我买了。

小伙子刚才要价二十块钱，知道说大了，正后悔着，没想到对方出十二块钱，也不少了，二话没说，成交。

朱景强带着这块石头回到他的加工小作坊里，对着灯光仔细琢磨，反复研究，还找几个好朋友商量，最后以试试看的心理，按照这块水晶的基本形状，打磨成一块扁圆形的观赏石。

经过抛光后的水晶体，以别样的风姿出现在朱景强的面前。只见这块晶体闪着奇特的光芒，那一根根金色的“发丝”呈放射状排列整齐闪闪发光。这是什么呢？是大自然造化的鬼斧神工？抑或是某种神力造就的深切意境？朱景强反复揣想。

1990 年是哈雷彗星接近地球的一年，全球出现了彗星热。朱景强灵机一动，对呀，何不叫“哈雷彗星”呢？其形其状，真像夜空里拖着美丽尾巴划过的精灵啊，真是为伊消得人憔悴，得来全不费工夫啊。

至此，水晶奇石“哈雷彗星”在水晶之乡东海正式问世。不过那时候，朱景强还不知道它的真正价值。换句话说，对自己的这个新生的产儿，社会将怎么看呢？艺术界有什么不同意见？经济价值又是几何？真是心里没底啊。任何艺术品，如果不经过市场检验，那只能是空谈。不过，有一点朱景强是坚信的，那就是：稀奇。古人云，物以稀为贵嘛。奇就是宝。

朱景强有一个海员朋友因为工作关系经常往返世界各地。他把“哈雷彗星”标上底价三百元，让朋友带到了新加坡。没想到“哈雷彗星”第一次试价市场，就碰了一鼻子灰，在新加坡某珠宝店里，“哈雷彗星”不但被冷遇，连这个朋友也受到了珠宝店老板的冷眼。就这样，“哈雷彗星”在旅行几个月之后，又被带了回来。

看到漂流数月的“哈雷彗星”回来后，朱景强不但没有扫兴，相反的，倒有一种完璧归赵的庆幸感。原来，朱景强把“哈雷彗星”带出海外试销的消息告诉朋友们之后，朋友们都觉得可惜了，说，要知道你才标价三百块，卖给我好了。有的朋友甚至说，早知如此，我给你五百块钱，省得还带到国外。

“哈雷彗星”重新回到朱景强的手里，让他对观赏水晶产生了无尽的联想，他开始考虑水晶观赏石市场究竟有多大了。

与此同时，“哈雷彗星”效应也在东海大地不胫而走，许多人都争着来一睹为快。特别是那些搞水晶加工和水晶销售的人，都想从“哈雷彗星”里得到有价值的信息。

东海有个珠宝鉴赏家吴彩霞，是江苏省水晶管理站的高级工程师，也是朱景强的朋友。他看到朱景强的“哈雷彗星”后，认为这是一块宝石，他根据国外宝石市场的行情以及水晶的化学构成，认为“哈雷彗星”的价值在万元以上。恰巧郑州有一个国际珠宝交易会，吴彩霞利用参会的机会，把“哈雷彗星”带到交易会上，标价一万元！问价者不少，但出价都不太理想，和吴彩霞的期望有差距，有人出价两三千元，甚至一千元，最多的出价来自一个外商，他确实也被这小小的晶体所吸引，拿在手里把玩好久，但也只出价六千元。吴彩霞虽然没有出手，但是这个外商的出价给他以启发，觉得这块晶体价格远不止这些。

时间又过去了一年多，这期间，朱景强已经由原来的以加工水晶制品为主，改为以生产水晶观赏石为主了，但这时候的水晶观赏石基本上还是有价无市，人们还没有认识到水晶观赏石的特有价值。直到在北京召开的珠宝交易会上，一位韩国珠宝收藏家出价一万美元欲收藏这块奇石，情况才发生变化。当然，聪明的朱景强在一万美元面前仍没有动心。但是，此事让驻京的许多媒体知道了，一块重量只有二百馀克的小水晶，竟有外商出价一万美元，顿时成了一个新闻，《人民日报》《新华日报》《地质矿产报》等媒体相继发表了消息。

从此之后，东海水晶市场不再单一，不仅有各种水晶制品，景观水晶也赋予了文化的内涵并逐渐形成市场。

东海人都记住了一个名字：朱景强。

新传奇之二：雕刻水晶的人 冯寿干原来是搞贝雕画的。贝雕挂画、贝雕壁画、贝雕屏风是他的主打产品，销路不错，在市场上有一定的知名度。但是贝雕画也有一个致命的弱点，即不够精致和华丽，作品上不了更高的档次，也就难以登上大雅之堂。冯寿干为此事也曾想办法搞创新，但效果都不太理想。

一次偶然的机会，冯寿干来到水晶市场考察水晶，晶莹剔透、光怪陆离的水晶引起他极大的兴趣，特别是那些闪烁着奇异光泽的彩色晶体，红黄蓝紫更是鲜艳夺目，让他流连忘返。这时，他脑子里产生一个念头：如果用彩色水晶做壁画、屏风，不就能解决困扰自己多年的色彩问题吗？

说干就干，冯寿干拿出多年的积蓄购买了大量彩色晶体，开始在自己的工作室里做试验。

最初的试验付出了不小的代价，花大价钱买来的彩色水晶不是因为色彩搭配不当，就是在雕刻过程中破坏了原有的色彩，甚至刻刀掌握不当而刻坏了原件。为此，冯寿干也心疼过。但是，如果水晶制品不上质量，不上档次，就永远处在一个初加工的阶段。

冯寿干找来朋友帮忙，找有关专家请教水晶的分子结构，又经过无数次实验和不断的研究，终于攻克了一道道难关。由他开发创作的“高分子聚合双面屏”、“台屏”、“挂屏”获得了国家专利。

冯寿干的水晶画和水晶台屏、水晶挂屏、水晶立屏，给水晶的开发利用又增添一个新家族、一个新品种，他的贡献不仅仅是个人的，也是社会的，为水晶进一步开发提供了多种可能，也给水晶人理清了一条思路。

新传奇之三：玩“杂石”的李先进　“杂石”就是带杂含量高的水晶，从前叫“花石”。“杂石”原本是丑小鸭，根本无人问津。

李先进就是因为先人一步发现了这些“杂石”的价值，才彻底改变了人生。1992年夏，做水产生意的李先进进城送货，正赶上水晶大集，那种透明的水晶卖得很贵，而有“杂质”的水晶几乎没人要。李先进花几块钱半买半要了几块“杂石”，回家打磨一看还真挺漂亮。李先进着迷了，每逢农历四、九大集，他就去买，直到花光了家中积蓄。头脑灵活的李先进给几块好看的石头起了诸如“雾里看花”、“水中望月”之类好听的名字，几块钱买来的标上几百、上千元拿到朋友的店里试卖，不想很快出手。

那以后，李先进干脆停了原本兴旺的水产养殖，把观赏水晶“当生意”来做。1996年，李先进的观赏水晶挤进了广交会。当其他人也纷纷做起水晶观赏石时，李先进又另辟蹊径做起了水晶工艺品生意。1998年春，李先进以二十万元“赌”得一块极好的大坯，台湾一客户出价七十万元订制一尊大佛，这是当时他接过的最大订单。李先进手下几个大师花了十七个月精雕细琢，然而就在交货前，一次抛光时的小意外使水晶链环崩裂，整座工艺品报废，李先进损失了五十万元。

三、中国“硅谷”

水晶是东海大地的血脉，石英是东海大地的精魂。

当水晶和石英还深埋地下的时候，它只是一块普通的石头；当它被开发出来，经过科学的加工处理，它就幻化成价格昂贵的“金子”了。

如今的东海县，硅产品已经占东海工业的半壁江山。在东海大地上，随处都可以见到硅系列的企业和公司，一座座厂房连成一片。

在一个春光明媚的日子里，我来到位于东海开发区的东鑫石英制品有限公司，看到这里厂房清洁、明亮，厂区安静、平和，还以为来到一家科研单位。负责接待我们的副总经理刘松是一个精干的人，他带着我们参观了厂区、厂房和车间，一边走，刘经理一边跟我们介绍。

现代的企业管理人员，大约都是高学历高智商的原因吧——刘经理很随和，很知性，不是那些侃侃而谈急于表白的人。他告诉我们，这个公司成立于某年某月，占地面积是多少，固定资产是多少，有多少员工，有多少工程技术人员，年产值啊，税收啊，利润啊。这些数字，从他嘴里说出来，就像谈身边的家常事。我感觉，这样的管理人员，员工也应该是很舒心快乐的吧。

说话间，我们来到一个生产车间。生产车间里，有四条流水线正在作业生产。让我感到奇怪的是，每条流水线上只有一个工人，他们像收割庄稼一样，把一根根石英玻璃管切割下来，码在身边的箱子里，待箱子装满了，就有工人来运走箱子。刘经理说，这是我们生产的透明石英玻璃管，在别的车间，我们还可以生产滤紫外线石英玻璃管，低羟基石英玻璃管，红色、黄色、蓝色石英玻璃管、石英玻璃棒、石英玻璃片等等数十种，还可以根据客户需要，生产特种用途的石英制品，同时，公司还可以对石英管进行切割、烧口、封口、弯曲、磨砂、异形等深加工工艺。

我问产品在市场上竞争力如何时，刘经理说绝对的好，主要是工艺精湛，质量一流，在同行业中有很高的信誉。

那么，这些产品的性能如何呢？主要用于什么途径？带着这个疑问，我进一步请教了刘经理。刘经理一连串的专业术语，让我有点“目瞪口呆”。他说，石英玻璃的软化点温度约一千七百三十度，可在一千一百度下长时间使用，短时间最高使用温度可达一千四百五十度。石英玻璃管还有一个好处，就是耐腐蚀，除氢氟酸外，石英玻璃几乎不与其他酸类物质发生化学反应，其耐酸能力是陶瓷的三十倍、不锈钢的一百五十倍，尤其是在高温下的化学稳定性，是其他任何工程材料都无法比拟的。石英玻璃的热稳定也好，热膨胀系数极小，能承受剧烈的温度变化。打个比方吧，就是将石英玻璃加热到一千一百度左右，再放入常温水中也不会炸裂。石英玻璃的透光性能优良，在紫外到红外的整个光谱波段，都有较好的透光性能，可见光透过率在百分之九十三以上。还有就是石英玻璃的电绝缘性能极好，电阻值相当于普通玻璃的一万倍。至于它的用途，那就更加广泛了，电光源、半导体、光通信、军工、冶金、建材、化学、机械、电力、环保等许多领域，都离不开石英玻璃。

刘经理介绍不可谓不详细，但我听起来也只是一知半解。我只能从刘经理极其认真的态度中，感受到他作为企业经营人员的高素质，同时也看到了这个企业的前途。

离开东鑫石英制品有限公司，我们又赶往“太平洋”。据说这也是一家上规模的石英制品公司。

通往太平洋公司的道路宽阔，路两边绿树成阴，隔离带上鲜花烂漫，两边的冬小麦绿油油的茂盛，金黄色的油菜花也煞是喜人。

太平洋和东鑫的风格又有些不同。如果说东鑫更多的是朴素、知性，那么太平洋则显露出富丽和堂皇，有种“土财主”的风格。在厂区大门口，保安就拦下了我们，问清缘由后，才放我们进去。

我们一行步入公司办公楼底楼大厅，迎接我们的是一道迎宾墙，墙前排着三块巨型水晶，明眼人一看便知，这水晶是地道的东海水晶。

绕过迎宾墙，我们从躲在迎宾墙后边的楼梯上楼，公司的行政经理刘女士热情接待了我们。她再三声明，公司的总经理陈士斌先生不接受任何采访。我们只好听听她的介绍。从刘经理的介绍里，我们知道十多年前，“太平洋石英”还只是一个“名不见经传的小作坊”，而总经理陈士斌，也不过是一个开小卖部的青年农民，是在“改革开放浪潮的冲击下”，才“心潮澎湃，跃跃欲试”，“和两个朋友一起筹资五十万元”，建起了这个“小公司”。小公司经过了十多年的发展，终于成长为今天东海硅工业、也是世界硅工业的龙头企业。

有几个“段子”，可以看出陈士斌的个性。

“段子”之一 创业初期，陈士斌花高薪请来一位技术人员，当时几个股东不同意，认为花钱太多了，不值得。陈士斌说：“如果你们觉得不值，技术员的工资就从我的红利里面开支！”结果，企业当年赢利一百五十万元。

“段子”之二 2000年某月，美国一家石英公司找到陈士斌，提出以一千万美元收购太平洋石英，陈本人继续任总经理，年薪是二百万元人民币。这件事让他思想斗争了很长一阵。当2006年，美国那家石英公司重谈合资事宜时，陈士斌果断地说No，因为这时候的太平洋，已经是国际知名公司了。

“段子”之三 陈士斌出差到荷兰“飞利浦”石英部，接待的人告诉他：“我们为您的到来。专门升起了五星红旗。全公司的人都知道，你是来自中国的客人。”

“段子”之四 某年，日本一家陶瓷公司项目经理到太平洋石英参观，回去后向总部汇报，建议停掉自己的石英管材项目，因为“做不过太平洋石英”。

这样的段子还有很多，我就不再列举了。作为一个充满朝气的青年企业家，作为一个从普通农民逐步成长为企业管理人员的青年才俊，从他身上折射出许多让人深省的思考，也可以说是改革开放的一个缩影。

[链接]

在中国，石英和水晶的储量数东海最多，质量数东海最好。在全县，有一千五百平方公里面积的地下蕴藏着硅资源。据估算：石英（SiO2含量达99.88%）储量约为三亿吨，天然水晶（SiO2含量达99.99%）储量约为三十万吨。因纯度高，杂质含量低，东海成为世界公认的优质石英资源储备基地，为国内石英玻璃管生产企业提供百分之八十五的生产原料。东海是著名的“水晶之乡”，存放在国家地质博物馆的四点三吨的“水晶大王”即出自东海，一代伟人毛泽东的水晶棺也是由东海水晶精制而成。东海成为国内知名的水晶交易集散地。

近年来，东海县立足本地硅资源优势和产业现状，紧紧围绕硅资源深加工产业，培育扶持了一批龙头骨干企业，逐步形成了较为完整的科技产业体系，推动了全县经济发展。

据统计，截至今年6月，全县有硅工业企业五百余家，从事水晶工艺品加工销售的个体工商户三千馀户，季节性从事水晶及石英开采、加工、销售的人员二十多万人。2007年硅产业实现销售收入过百亿元，其中规模以上工业产品实现销售收入十四亿元，水晶工艺品实现销售收入十五亿元，东海县中档硅产品覆盖国内百分之八十市场，高档产品百分之百出口，在国际上占有重要地位。

四、云游世界的水晶大王们①

世界上，有水晶的地方就有东海人，没有水晶的地方，也有东海人在从事水晶生产、加工和买卖，他们追循着水晶的光亮走遍全球。巴西、马达加斯加、巴基斯坦、越南、缅甸、乌拉圭等世界各地的水晶原石被运到东海后，经过精心加工的水晶制品再被销往世界各地。

买全球，卖全球，东海已成为全世界水晶集散地，东海人因水晶而使自己的人生更精彩。

下面，让我们把镜头对准他们，看看这些“水晶大王”们的足迹吧。

水晶大姐吴兆娥 曾被首批选中参与精选东海水晶制造毛泽东水晶棺的吴兆娥，是个土生土长的东海人，曾应邀赴京参加毛泽东诞生一百一十周年纪念活动。

1997年，原全国人大常委会副委员长费孝通到东海考察时，欣然为吴兆娥题写“中国水晶大姐”几个大字。从此，水晶大姐的美名不胫而走。

十八年前，这位普通的农家女儿把洗衣机上的电机拆下来改制研磨机，腾出两间住房做厂房，迈出了东海水晶研究设计、生产加工、市场销售为一体的第一步。她用自己的头像和“水晶大姐吴兆娥”名字申请的注册商标，成为江苏省著名商标。联合国教科文组织和中国民间文艺家协会授予她“民间工艺美术家”称号。

惊险刺激的寻宝历程 “在世界各地采贩水晶原石的东海人有上千人，他们当中有的被枪抵过脑袋，有的遭过抢劫或得上怪病……”笔者近日赴东海采访，听着县水晶商会秘书长周毅的这番开场白，心一下悬了起来。

说起东海人到海外采买水晶原料的艰辛历程，不能不提率先“吃螃蟹”的杨振山。上世纪90年代初，当教师的杨振山承包了县勤工俭学办的眼镜厂，由于县里的水晶原料越来越少，而眼镜厂却越开越多，当年就亏了几十万元！

“唯一的出路是找到新的水晶原料。”这个痴狂的想法让杨振山成了东海最早出境寻宝的人。听说越南有水晶，他决定去闯一闯。临行前，他把儿子叫到身边交代：“如果我三个月回不来，就叫你妈再找个人。”

终于有一天，杨振山在越南中东部一个城市的集市上发现了几块罕见的绿水晶！他欣喜若狂，却没钱买。杨振山苦苦哀求留在店主家打工，不要工钱，只要水晶。店主满口答应。

打工期间，杨振山又在附近收集到了一小堆绿水晶。扛着一麻袋水晶，杨振山一路坎

①本篇参考孙振权、魏爱华、严颢、程长春的部分文字。

坷跨进友谊关。接到电话后，儿子赶忙借钱赶到广西，接回了蓬首垢面、衣衫褴褛的父亲。

杨振山做梦也没想到，这一堆绿水晶卖出了“天价”，一举还清了债务。尝到甜头后，他又去了几趟越南，却再也找不到上好的水晶原料了。杨振山不甘心，到北京图书馆找线索，非洲岛国马达加斯加进入了他的视线。很快，他成为踏上马岛寻宝的第一人。

周毅还告诉我们，东海人到非洲、南美的寻宝历程惊险刺激，完全可以写一部现实版的《非洲惊魂》《南美奇遇》什么的。

比如安全，就是一个大问题。连云港晶华水晶工艺品有限公司董事长张延文回忆道，早些年，公司在马岛收购水晶都是现金交易，几万、几十万元人民币兑换成当地的“马郎”要用麻袋装，下乡收购水晶只能乘人畜共载的“客车”，神经高度紧张。为确保安全，他在马岛的分公司把房子焊成个大“铁笼”，在窗下开个洞，卖水晶的当地人把水晶递进来，验过货后，把钱递出去。

苦乐相伴的异域生活 东海出国贩水晶的几乎全是农民。异域生活，既有乐趣，更有苦涩。

东海少数人早年到马岛时，钱相当好赚。马岛地处热带，雨水充沛，山地河谷中的水晶多呈鹅卵状。自古以来，马岛人从未把这些“石头”当宝，有的农家干脆用来砌围墙、盖猪圈，东海人如果想要，送个小礼物就可以拆走，只要把墙重新砌好就行。早先，收水晶有时都不用花钱买，只要付个运费，一美元成本的货发到国内能卖一百五十元。如今，识货的人多了，钱就不那么好赚了，眼光不好的也有人赔。

为了立于不败之地，大老板们各施绝招。最先出国的杨振山在马岛的公司已经转型，主要为东海人提供融资和出口手续代理服务，很少直接贩水晶。张延文的公司则向纵深“挖掘”，成为全国首家在马岛获得采矿权的企业。

曲阳乡赵庄村常年有一百多人在国外收贩水晶，其中夫妻同去的就有十多对。今年春节前，村里一下子又增加了十三份护照。笔者进村采访时，周建强和王光文即将远行。他们告诉我们，境外的生活虽然很苦，但创业的诱惑力太大了。

前两年打工，这两年单干，周建强去年还把媳妇带到了马岛。他说，当地常有“线人”介绍我们下乡收水晶，那里的路太难走，小车开到半道换吉普，没路的地方只能步行。可气的是“线人”常常夸大其词，跑了几天，看到的只是一些劣质水晶。虽然这样，我们还是不愿放弃任何机会。有一次，我们在山里寻到了一块六百公斤重的大石料，出七万元买了下来，接着又雇了二十四个人抬出山。二百公里的路抬了十一天。力气出了，苦也受了，钱也赚了，划算！

神秘传奇的“赌石人生” 夜半，东海农家小屋点着昏暗的灯，地上是几蛇皮袋刚从

东海水晶雕件

港口货柜中运回的海外原料。顺着半开的小门，一伙又一伙买者分别进来看货。说是“看”，其实是猜，是赌。所有人“看”完后分别报价，最后主家便卖给出价最高的那一伙。

这是传说中神秘莫测的“赌石”情景。其实，无论到海外收购原石、石料运回后买卖、加工成工艺品后销售，在水晶及产品交易的过程中，或多或少都存在“赌”的成分。在每个环节，赌对了，可获几倍、几十倍、上百倍的利益，赌错了则血本无归。

在东海水晶业界，流传着一个传奇的“赌石”故事——一伙农民深夜挖出一块大水晶，李先进为窥探石锈尘封下的奥秘，点燃了随身带的一条共二百支香烟看货。看后，他出价四百万元买下这块石头，第二天转手以八百万元价格出手。

面对笔者的询问，李先进笑着澄清：那次看的石头总共有十五吨，买价近七十万元，主要是为了“赌”其中那块一百多公斤的石头。那夜那块水晶刚从泥地里挖出来，借着一点点星光根本看不清，当时包里正好有一条烟，就点燃了“照明”。最终是“押”对了，但没有传说的那么神，也没赚那么多。

从借八百元起家到身家数百万元，王光文在巴西的“赌石人生”令人羡慕。今年四十一岁的王光文说，“赌石”者的成功总会被人夸大，并不是每笔生意都包赚不赔的，特别是现在采石的人多了，竞争激烈，哪个环节出岔子都会亏本。去年下半年，他的一批货买价是一百万元，由于被巴西海关延误了两个半月，运回东海后只能以四十万元忍痛出手。

绿水晶、紫水晶、钛晶、发晶、黑云母、绿幽灵……近年来，世界各地的水晶原石汇聚东海，以往被认为一钱不值的“杂石”身价暴增，“赌石”获利的空间也越来越大。在东海水晶城冯寿干的晓云阁，笔者看到一块色彩斑斓的水晶，透明的石内包裹着深浅不一的黑色、赭色、金色云母片，天然构成了一幅山水人物美景，老冯为这块观赏石取名“人约黄昏后”。他介绍说，“赌”回这块四十六公斤重的巴基斯坦原石花了二点三万元，分割成八块做成观赏石，琢磨其中的象形意境，分别取个贴切的好名字，已经卖出的三块小石头就赚回了本钱。

在东海，水晶精深加工领域，“赌石”的一个巨大动力源，是来自海外的旺盛需求。东海的水晶工艺精品在日、韩、东南亚、中国港澳台等地区尤其受追捧。“至善坊”老板孙睿告诉笔者，他的海外顾客中日本人居多，日本皇家曾一次订购了一百套水晶生肖工艺品。两年前，日本《艺术人》杂志曾整版介绍“至善坊”的一尊“祥龙观音”，不过，标价已在原卖价后加了两个“零”！

水晶文化蕴藏的惊人商机，着实让东海“赌石”人始料未及。如今在东海，石头活了，市场活了，整个产业活了，人们的思维、审美、价值观都在悄然发生着变化。在新理念的“催化”下，一块石头身价百倍也就不足为怪了。

第七章
神奇浪漫话旅游

灵性的连云港。

青春的连云港。

激情的连云港。

一座神奇浪漫的城市——山与海的挤压碰撞，演绎了曲折壮丽的山水情。

浩浩黄海，点点银帆，渔歌唱晚，旖旎奇物；莽莽云台山脉，绵绵百里，逶迤起伏，大气磅礴。

海，古，神，幽，奇，泉，这是写在这块热土上的面部表情，特色鲜明，凸显了饱和的生命情愫和旅游元素。这是上苍的垂青，这是大自然的馈赠，沧海桑田孕育了一座神奇浪漫之都。

2003年，连云港市一举获得了“中国优秀旅游城市”的光荣称号。

2007年，连云港市旅游接待人次九百一十八万，实现综合收入达九十七亿元，直逼百亿大关。旅游成为地方经济支柱产业。

2008年年初，连云港市又成为中国旅游品牌十大目的地之一，与桂林、黄山、成都等传统著名旅游城市比肩为伍。

一、海滩的启示

最初对苏马湾的认识，是因为一块石头，那还是二十多年前的事了，一个在连岛上做基层文化工作的朋友老杨，带着我们去看一块刻石。说博物馆的人已经来看过了，很有文物价值。

通往苏马湾的路极不好走，走山路是行不通的，虽然有守岛战士早年修的简易公路，但公路通不到海边，这段近在咫尺的距离异常险峻，不但有密不透风的灌木，而且悬崖峭壁和怪石嶙峋也让人心生寒意，加上轰轰的涛声，根本无法接近，而这块石头，又时常半淹半没在海水里，不是轻易就能找到的。所以，我们从东连岛的一个小码头，乘船先去苏马湾东边的羊窝头，然后再设法去苏马湾。

如果说这次是带有一点文化意味的采风，还不如说是一次探险，因为苏马湾在连岛的北侧，这里的大海一无遮拦，水深，浪大，涛急，海流也极不规则，小木船几次靠上岸边，又被急流和旋涡打了回来，几个回合过后，我们身上就被海水打湿了，似乎是对我们的警告。好在我们请的船老大是个弄船的好手，他教我们在浪把小船拥到岸边的一刹那，立即往岸上跳。但我们还是错过几次机会，因为就在靠岸的瞬间，急速的回浪又

在海一方公园

把小船给赶了回来，而且在巨大的颠簸中，我们根本站立不稳。如此反复地和海浪较着劲，终于还是瞅准机会，跳到了岸边。

在被海水浸泡无数年的礁石上，我们终于找到了这块已经被海水和海风侵蚀得难以辨认的石刻，好在隶书的字迹还算清晰，我们看了半天，也只认得“东”、“界”等字。

老杨告诉我们，这块刻石，已经经文物考古部门的专家考证过了，是一块西汉时期“东海郡与琅琊郡的界域石刻”，有较高的历史文献价值。

我们不是考古工作者，对于这些历史的遗存只不过是好奇而已，我们感兴趣的，还是离我们很近的苏马湾。

我们在沿岸的礁石上手脚并用，往苏马湾进发。在我们的脚下，是浪花飞溅的大海，在我们的头顶，则是碧绿的灌木丛林，不时有青翠的树枝和鸡蛋粗的青藤倒挂下来，那些绿，像阳光一样刺眼。我们边走边赞叹，没想到在山海相接的地方，还有这么一块保存如此之好的具有原始风味的森林。

苏马湾到了，这里又是豁然开朗的另一方仙境，一百多米长的环曲形的海湾，呈月牙状，狰狞的岩石和陡峭的山体仿佛要配合这一湾的海滩，到了这里，也变得平缓而随和起来，海浪也很有层次地涌来，轻轻地吻着金色的沙滩。远看，海水碧蓝如天，那蓝越来越浅，渐至近岸，就成碧蓝乳白色。老杨对这一代显然很熟，他指着海水的变化，说，由深蓝到浅蓝再到清白，说明这是一湾缓滩，周围山上的生态又好，将来有可能，可以搞个海滨浴场，只是太闭塞了，又没有交通……可惜这块风水宝地了。

尽管可惜，我们还是情不自禁地为有这样一湾沙滩而激动着。

苏马湾海滩的上方是一个低缓的山腰，虽丛林密布，感觉翻过去并不难。

“当然不难，”老杨说，“山那边还住着不少人家呢。”

在老杨的带领下，我们钻进了密不透风的森林。

山体完全被绿色覆盖，草和低矮的灌木又密又厚，野山葳、大米花这些熟悉又好看的树种也招摇地生长在它们中间，果是青果，花是白花，和那些叫不上名字的红的、黄的、紫的花一起，散发着浓浓的香味。高大的黑松林透不进一丝阳光，随处可以见到古藤，细如拇指、粗如碗口，在林间缠绕、延伸。这些古藤，有的都有数百岁龄，甚至达千年以上。在一块漫坡上，更是生长着稀有而昂贵的野生药材蔓荆，正开放着一串串淡紫色的唇形花朵。

身后的涛声渐渐远去，我们爬到了山腰上，放眼一望，这里又是另一番景象——来往穿梭的货轮，隔岸繁忙的港口，吊塔也像森林一样立在码头上。

2001 年夏天，连云港青年作家读书班在连岛电力大酒店开班。这时候的连岛，已经和十几年前二十年前的连岛有着天壤之别了，拦海大堤通车以后，连岛突然间变成了旅游胜地，每年都有许多外地人来这里旅游度假。各种形态的度假村、度假旅店、高中档饭店有数十家，环岛公路也修得明光锃亮，观光车环岛开过，可以尽览迷人的山海风光，海滨浴场更是功能齐全。

青年作家读书班选在这里，也是看中这儿幽雅的环境，让作家们在读书研讨的同时，放松一下心情。

白天读书研讨之余，作家们会三三两两地结伴去海边散步、交流，听大海的涛声，观美丽的海潮，赏绿色的植物，交流读书的心得，探讨写作的经验，他们或过连岛海滨浴场，沿着海边的栈道，直抵苏马湾，或顺着山间公路，徐徐散步。

走在连岛海滨浴场通往苏马湾的栈道上，不但可以饱览浩瀚的大海风光，还可领略弯曲海岸带上的嶙峋怪石。这些怪石，都是受海浪及潮水的侵蚀，形成堆垒重叠的岩石，或断或续，断续相连，移步成景，鬼斧神工。在这一千多米长的栈道上，有数百个千奇百怪的海蚀奇观，说是一座天然的“海蚀博物馆”，一点也不为过，你看那高大而细长的“竹笋石”，像成片的丛林，又像雨后的春笋；还有布满海蛎壳的“雪花岩”，恰似珍珠镶嵌；至于“金刚石”的狰狞，“鸡血石”的神似，“山羊观海”的酷肖，“仙人桥”的飞架，都惟妙惟肖，令人叹为观止。

走在这里，山拥着你，海抱着你，风亲吻着你，森林绿草向你招手，小鸟啾啾向你问好，这难得一见的山海自然风光，如今融入了奇妙的人文景观，更显得和谐，仿佛上天赐予的精灵。

——苏马湾山坡上的丛林中，建起了一座座别致的树皮小屋，这是休闲度假人的栖息地吗？抑或是情侣们的爱巢？不管是谁，只要有心情住进树皮小屋，都会领略到不一样的山海情怀，可以听海浪的轻轻絮语，可以在沙滩上沐浴月光。

苏马湾变了。

苏马湾不再宁静。

苏马湾不再原始。

从月落乌啼，到晨曦初上，苏马湾不再有清梦；从晨曦初上，到月落乌啼，苏马湾不再有宁静。

想起我第一次来苏马湾，那还是一个封闭的海湾，一切都是原始的，是无人问津的处女地。十多年前，作家刘放、颜廷君信誓旦旦要开发苏马湾，但由于人力所限，资源所限，主要的还是整体开发受到局限，他们的构想只能存在于萌芽中。但是，他们无论如何也没有想到，苏马湾如今已面目全非，除了山上的古藤老树还依稀可见当年的原始

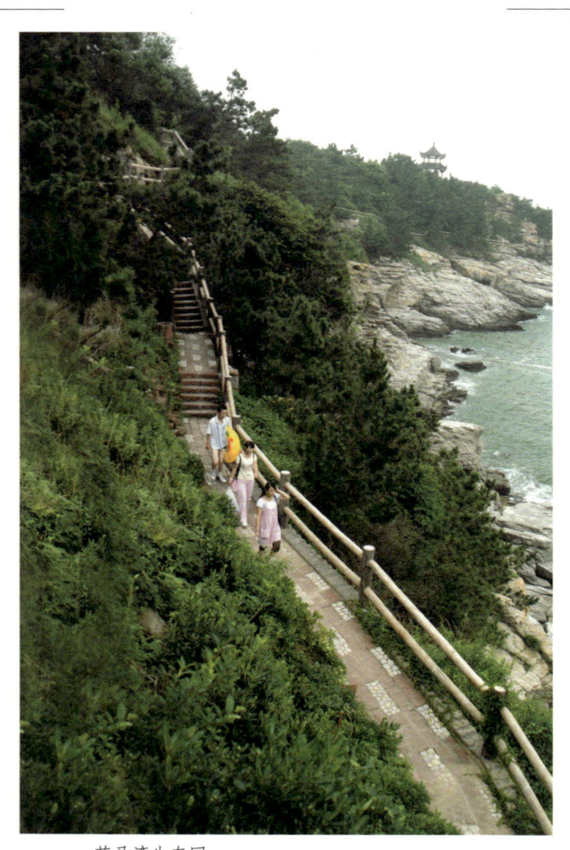
苏马湾生态园

和苍茫，别的已经处处充满了人工的痕迹。

这里值得一提的是，在苏马湾里，又发现了一块西汉的石刻，这块石刻和羊窝头的那块不一样的地方是，因没有受海水的直接侵蚀，字迹清楚，容易辨认：“东海郡朐与琅琊郡柜为界，因诸山以南属朐，水以北属柜，西直况其，朐与柜分高顶为界，东各承无极。始建国四年四月朔乙卯，以使者徐州牧治所书造。”

两块刻石的发现，意义非同寻常，它不仅是西汉新莽时期的界域划分和研究古代地理的重要文献，同时，在书法和文字沿革上也有着重要价值。因为在中国书法史上，西汉时期往往被忽略，主要原因就是缺少实物资料。其实，这段时期，正是书法艺术空前繁荣的时期，是中国书法由篆书向隶书、草书转化的时期。从篆书到隶书的演进是汉字发展史上的一次大变革，从此汉字走上更简化、笔画化和定型化，汉字进入了新的发展阶段。所以说，两块界域石刻的发现，给苏马湾增添了更为神奇的一笔。

参加读书班的学员中有一位作家书法家，他看到掩蔽在苏马湾半山小径之侧的界域刻石，简直陶醉了，禁不住抚碑咏叹，连称国宝。

晚上，读书班全体学员在苏马湾举行了月光晚会。

那真是一个神奇之夜啊！

风声。涛声。月光。树影。沙滩。

夏夜的海风，总是特别的，有一些凉，有一些爽，有一些稠。二十多个年轻的写作者围坐在沙滩上，在不断传来的涛声中，畅游在文学的海洋里，他们交流着读书的心得，朗诵着新写的诗，跳着快乐的舞。

二、花草树木的笑声

许多外地朋友来到连云港，登临花果山、桃花涧、渔湾、太白涧或云台山国家森林公园，无不被这里的神奇和幽静所吸引。神奇和幽静，来自那些参天的古树、名贵的花木、飘香的野果和叮咚的山泉。早在几百年前，吴承恩写《西游记》的时候，对云台山的秀丽风景就作过这样的描写：“瑶草奇花不谢，青松翠柏常春。仙桃常结果，修竹每留云。一条涧壑藤萝密，四面原堤草色新。”是的，连云港地处海滨，气候受到海洋调节，加上云台山植被繁密，许多南方和北方的植物都能在这里生长，形成了南北兼容的植物群落，也为连云港市增添了一道独特而靓丽的风景。

但是，这样的景象只是近二三十年才出现，以前可是荒山秃岭啊。山怎么荒，岭怎么秃，我就不详细说了，我只用一个事例，你就知道三十年前那破败和荒蛮的景象：山

云台山森林公园

上所有的黑松全死了，那可是成林的黑松啊，不论树龄有多长，树木有多高大，就连那棵著名的美人松也倒下了。它枯死在山崖，直到多少年后，还站立在那里，眼看着满山又被新的植被所覆盖，才放心地倒下。

好了，不说过去了，在这5月的似锦繁花里，朋友们跟着我到山上去走走吧，领略一下花草山林的欢笑。

在云台山群山丛林中，到处可见奇花异草、珍果野蔬，满山遍野蓬蓬勃勃，蝶来蜂捅，真可谓春红秋绿，夏翠冬艳，处处显现出大自然的恩惠和生命的盎然。吴舟先生所著《云台山植物名录》里，对云台山独特的植物景观作过详尽的分析和描述，他说：连云港云台山植物区系的组成，与现代生态条件有一定的关系，但主要是长期历史发展形成的产物。从地理上看，云台山和陆地是长期隔离的，而与陆地完全相连，只有二百七十多年的历史。古时候，云台山地区是以被子植物中的双子叶植物为主，单子叶植物占少数。从生物类型来看，则包括高大的乔木、灌木、蔓生植物及草本类等，植物群中绝大部分是现代还生存着的如槭属、榉属、椴属、山核桃属、石栎属、栗属等，均是亚热带广泛分布的种类。如今的云台山除山核桃属、石栎属外，其馀都有分布，而另一些属如榛属、樱桃属、栎属、榆属、柳属、杨属是典型的温带植物，现在仍是组成云台山区落叶阔叶林的重要成分。

从专业人士的眼光来看，我们只能对云台山上的奇花异草作理念上的认识，真正想感受它的奇妙，必须选择一个好天气，带着好心情，或三五好友，或和情侣做伴，走进大自然，走进深山，亲自体验她的神秘，感受她的笑脸，亲抚她的姿色，闻嗅她的芳香。

那一日，大约是5月下旬的一个周末，本市和外地的几个志趣相投的朋友，从黄窝上边的一条山路走进了云台山国家森林公园，我们的目标是江苏第二高峰大桅尖。

无论你登上哪一座山头，沿途除了各种荆棘树木、丛林藤蔓，还能看到分布在山顶、陡坡、低丘和山涧里的丛丛杂草。恰巧和我们一起登山的省城女记者是一个植物学家的女儿，耳闻目睹也对植物学有颇多了解，甚至在大学里选修的就是植物学。她对她脚下和身边的植物备感亲切，时常给我们作介绍。

这次登山是从早上开始。我们没有选择大路，连防火通道都不走，专走采药人踩出来的便道。山上雾气很重，如锦似织地在山间萦绕。远看，在雾气中，满眼都是一望无际的绿色；近看，阔叶、细叶和草叶野花上，露水莹莹，脚上很快就被露水打湿。我们每人手里都拿着一根可手的小棍，一边走，一边在草丛里敲敲打打，这叫打草惊蛇。经过近二十年的苦心经营，云台山植被维护得很好，是许多动物的天然乐园，当然也是蛇们的最佳栖息地。但是，如果在行走中，突然有一条青蛇绊在脚上，总归是要被吓一跳的。打草不知能不能惊蛇，因为在我们的脚下，草、花、藤、蔓，实在太茂密了，看不到山地，看不到岩石，即便有惊蛇，和五颜六色的花草混在一起，怕是也不一定能分辨出来吧。不过既然古人有云，我们不妨就敲打下去。

我们在半山腰处横向地且走且攀，尽量拉长线路。我们选择这种形式的攀登，主要目的并不是为了登高望海，而是在于看山景。所谓外行看热闹，内行看门道。我不是内行，但也对云台山的野生花草有个基本了解和认识，和女记者交流起来，也还能做到相互补充。在我们脚下的草本植被，有三个基本类型，江苏省具备这种类型的，只有云台山地区。一类是丘陵低山草丛，分布在山顶、山腰、山坡及低丘上，以禾草为主，也有苔草，通常具有单种优势。常见的有黄背草、刺芒野古草、白茅、狗尾草、白洋草等，这些草的特点是生长茂盛，覆盖面大。另一类是海滩沙生植被，沙生植物种类简单，主要是筛草、田旋花、香速豌豆、砂引草、沙滩黄岑、软毛虫实、无刺猪毛菜、珊瑚菜、单叶蔓荆、贤叶天剑等，这些植物有一个共同的特性，就是根系很大。还有就是海边盐渍土特有植被，这些植被主要分布于淤泥质海岸滩涂，其种类主要有盐角草、碱蓬、补血草、獐毛、大穗结缕草、茵陈等。对于这些怪异的草名，以及它们的渊源历史，我们自然不能做到耳熟能详，只能是走山观花，感受着它的繁密和青葱。我们心中自然也如遍山的翠绿一样，充满着青春和旺盛的活力。行走中，我们三言两语，或停下来指指点点，或发出几声抒情的感叹，那些赞美的话，和现实中的自然景色相比，实在是贫乏和微不足道的。大多数时候，我们一声不吭，停下来，静静地观看，放眼处，是奇妙的山岚，是云天相接的绿，从每人的神色中，我看到他们融入大自然的惬意和内心的从容。我们停下来，手中的小木棍不仅可以打草惊蛇，这时候，还是支撑我们、让我们身体保持平衡的工具。呼吸一下吧，就像品茶一样，山上的空气经过绿的浸泡，像茶一样甘，像露一样纯，还带着绿草的气息和泥土的芳香。

我们就这样且走且停。沿途出现成林的低矮灌木了，但是这些灌木林依然被山草淹没在绿的海洋里，偶尔冒出许多青黛色的枝叶，在山风中招摇，和绿草私语。女记者显然没有见过如此翠绿的山林，一路上都在激动着，或歙歔或感叹，好不容易看到不远处一块裸露出来的岩石了。大家异口同声地说，到那块岩石上休息一下吧。

有了目标，我们的速度就有所加快。

这块岩石，真可谓是绿海中的小岛，或者绿海中的小舟。同行的诗人坐上岩石，出口成诗："我见过这样的海洋，它没有惊涛骇浪；我坐过这样的小舟，它起伏在树梢枝头……"女记者显然对他的诗不屑一顾，她拿出数码相机一阵猛拍。突然，女记者停止拍照了，她惊叹地说，看啊！我们都顺着她的目光看去。我们已经习惯于眼前的美丽景

云台山千年银杏树

色了，一时没有看出其中的妙处。但是女记者脸上洇上一层红晕，她轻轻地说，花——我们看到了，在我们不远处的视野内，在绿草藤蔓中，开放着一朵绿黄色的花。是的，就一朵，它跳出绿色的海面，骄傲地随风摇曳。这朵花给我们带来的惊喜是不言而喻的。诗人跃跃欲试，要去把这朵花采来，奉献给女记者。但是，诗人显然还缺少应有的胆量，因为花开的地方，地形显著地复杂，别说从容不迫地攀爬了，就是手脚并用，根据我的经验，他也很难采下那朵迎风摇曳的美丽花朵。采不到花，我们开始猜测这是一朵什么花，有的说是地瓜花，有的说是什么什么花，说来说去，还是莫衷一是。女记者突然说，想起来了，这是黄花菜！原来是极普通的黄花菜。再一看，果然是黄花菜。由于山土肥沃，水分充足，黄花菜长得异常丰满，让人一时难以辨认。但是，我们再稍一仔细，就发现了，在岩石四周的草丛荆棘里，还星星点点分散着别的小花，有的浅黄，有的鹅绿，有的粉红，由于这些艳丽的小花藏在茂密的绿草里，不知是被绿色淹没，还是我们只注重了绿色，抑或是我们的粗心，竟让我们忽视了它们的存在。这些花也许知道了我们的心愿吧，就甘愿躲到绿色里，让绿显得更绿。但是当我们心里有了花的概念的时候，这些花就遂如人愿地从绿海里跳出来了，来接受我们的欣赏和观摩了。我们真的感谢花草的灵性。

说到云台山的花，不能不想到那些用于救死扶伤的药用野花。历代《海州志》里记载的可药用的野花有数十种，而且大多是传统药材，比如药鱼棵，学名叫芫花，系瑞香科落叶小灌木，看起来貌不起眼，和野草别无二致，生于山坡路旁或疏林，春天，在花还没开放时，采收花蕾，除去杂质，晒干即可入药，可医治水肿胀满、胸腹积水、气逆喘咳、大小便不利等，外用还可以治疥癣秃疮和冻疮。从前西医不发达的时候，云台山地区的不少老百姓家中常备这种花蕾，以防冻疮。

实际上，可以用于药用的不光是花，草类也很多，如茵陈、青蒿、仙鹤草、鬼针草、益母草、夏枯草、连钱草、牙刷草、狗屎端端等等。我们在岩石上休息，对山花野草做一个简单的点评，然后就争论为什么一路上只是看到草而没有看到花，没有看到赤橙黄红而是光看到绿。争论的结果是，绿颜色是能够把别的东西吃掉的强大的颜色。尽管此说法过于武断，也没有科学道理，但是我们都接受了这一说法。说来有意思，大家居然对这种说法沾沾自喜，自鸣得意。看来，绿色，在我们的心目中早已先入为主了。

继续攀爬的时候，我们开始注重别的物种，甚至对脚下偶尔流过的山水或在草丛荆棘中飞翔的昆虫、蝴蝶也格外留心起来，有人甚至扔掉了手中的小棍，不再在脚下的草地上敲敲打打，说最好能让我们见识一眼蛇的芳容。这样的心情放松，大自然的美丽景色开始在我们周遭次第展开，我们听到了泉水声，听到了树木、荆棘、山草吸取山岚地气的声音，那好像是从天上传来，神秘而莫测；我们听到了鸟鸣，也看到了林中低飞跳跃的小鸟，它们的姿态是那么的轻灵，它们的叫声是那么的婉转；我们看到了山花的怒放，那些浅蓝、水黄、桃粉、青黛、嫩褐、草绿等色彩的花儿啊，鲜艳而明丽，或带有古典柔和的情调，或饱含深邃凝重的意韵；我们还迎来扑面的山风，就像玉女的手掌轻抚，就像清洁的温泉浸泡。

山路开始惊险起来，裸露的山体岩石也在增多，奇怪的是，岩石上有藤蔓攀爬了。其实，在途中，我们也看到这些藤蔓，只不过和其他植被混生在一起而没有引起我们的特别关注罢了。这些藤蔓只有顺着岩石攀爬，才能显示出其特别之处，在蔓生中似乎很有规律。不需要仔细地分辨，就能认出这些藤蔓了。但，最先看到的却是爬山虎，我们又叫它捆石龙，顾名思义，爬山虎的生长是专门用来捆石头的，这就是为什么它喜欢沿岩石攀爬的原因吧。所到之处，这些爬山虎就像夏日里的素装女孩，简朴而大方，在青翠环绕中，犹如空谷幽兰一样，静静地毫不张扬地绽放出异彩。爬山虎属于葡萄科藤本植物，除了喜欢攀缘于岩石，还喜欢攀爬大树和墙壁，可以这么说，在云台山地区，在人家的院墙上或老楼的黛瓦上，爬山虎随处可见。

与爬山虎近似的，就是云台山的特产葛藤了。云台山自古盛产葛藤根，早在宋朝的《图经本草》里，就有“海州葛根”的记载。清代小说家李汝珍居住板浦时，埋头写作旷世巨著《镜花缘》，根据他对云台山植物的全面了解，还借小说人物之口称赞道：“葛根最解酒毒，葛粉尤佳。”又说，“惟有海州云台山所产最佳。”小说家并非信口之言，现在葛粉已经成为当地的一项产业，葛粉的保健功效日益受到人们的重视。2007年冬我在北京，北大老教授、连云港人白化文先生还专门向我打听连云港的葛根粉。

在山上，我们看到的名藤不仅仅上述两种，细数起来还有不少，像忍冬藤、络石藤、南蛇藤、鸡矢藤等等，鸡矢藤又叫鸡屎藤或臭藤子，名称虽然不雅，却也是传统药材，适宜夏天采收，全草晒干，可以治风湿筋骨痛、跌打损伤等疾病，可谓藤中之宝。

穿过一片低矮的杂树丛后，眼前突然出现一片高大的森林。进入林区，我们一行四人表现出不同的心情。女记者回头望一望我们的踪迹，感叹她刚刚经历了仙境般的绿园；诗人显然在沉思什么，不知是在构思，还是在回味；同行的另一位女孩一路上少言寡语，对什么都好奇，进入林区，立即又被一棵棵高大的树木所吸引，被林中的鸟鸣所陶醉，眼睛不够用似的到处观望；我则表现出当地人的见怪不怪，见奇不奇，侃侃介绍这些树木的名称和渊源。就在行走间，眼前突然出现一片废墟，我知道，这就是我们此行的另一站——悟道庵了。

如果你没见过绿树参天的景观，到悟道庵就可充分领略了。在古树丛林中穿行，忽见两块巨石横陈于前，我们从仅能容一人通过的缝隙间走过，见到已断为两截的明万历四十三年（1615年）的一块石碑。再往前行，两株高大的银杏树耸立于废庵的两侧。这两棵银杏树，每棵腰围都达五米左右，显出一副沧桑之态。说到连云港的古银杏树，据植物学家吴舟先生统计，树龄千年左右的古银杏有二十八株，其中雌树有二十六株，雄树两株，确认千年以上的有九株。这些树大都分布在寺庙附近，树龄都和建庙年代相近。云山乡白果树村有一株植于唐代的银杏树，树高二十馀米，远看似一株，近看是五株连体，盘根错节，十分繁茂。花果山三元宫内的大殿两侧，也各有一株千年古银杏树，“一雄一雌，奇妙无比。雄树高二十八米，胸围五点三七米，枝干向上斜伸；雌树高二十四米，胸围四点三零米，枝干向周围开散。雄者居左立于东边，雌者居右立于西边，正好巧合《淮南子 · 天文》中‘北斗之神有雌雄，雄左行，雌右行’之说，这在全国众多的古庙宇中也是极为罕见的，堪称一绝。探究三元宫院内的雌雄银杏，是古人有意配植，还是偶然巧合，眼下尚难说清楚……如果古人真的有意在三元宫配植一双雌雄银杏，将自己的阴阳学说意识投影和折射在这郁郁苍苍的山野之间、银杏之上，那真是太玄妙了。”但是，在这些古银杏树中，堪称“树王”的，还不是三元宫内的古银杏，而是连云港经济技术开发区中云乡崇善寺院内的一株。这株被古人称为“灵通神树”、又称“祇林银杏”的“树王”，树龄有一千二百七十多年，树高达三十米，胸围达六点三七米，冠幅九百平方米，为国家级保护古树名木。

千年古银杏是很容易让人想起历史、年代、曾经、变迁、沧海、桑田这类词汇的。

的确，我们坐在雾里仙庵的门前石阶上，观赏着丛林翠竹中的两株千年古银杏，猜想着前人植树时的情景。他们会想到，千年以后，有好奇者坐在树下说古论今吗？他们会想到，千年以后，生活会是今番景象吗？千年银杏啊，我们仿佛看到一千年前的阳光在照耀着今朝，仿佛看到一千年前的雨露在滋润着你的肌肤，你还将立于山崖野坡，还将穿过千年的阳光，披载千年的雨露，阅尽人间世事，冷观沧海变迁。

雾气越来越浓，我们还有路要走。我们顺着古庵后面的小路继续向上攀登。林海又把我们淹没了。

三、花果山上听鸟鸣

花果山是云台山中的神山、灵山，一年四季都有美景观赏。特别是在春天的鸟语花香，不身临其境，是不能体会得到的。

那么，在美丽的春夏之交，朋友们还是跟着我到崇山丛林中走走吧，听听花果山的鸟鸣。

“翻飞多好鸟，婉转弄芳辰”，说的就是这个意思。

花果山林深叶茂，又是南北气候相汇之地，很适合鸟类栖息。“鸣声叫彻晨空，令人如醉熏风。”在草木葱翠、百花怒放的季节，婉转悦耳的鸟鸣是花果山一道独特的景观。如果你在5月的早晨，悄然走进林间，品评奇花异木飘散的自然的芳香，聆听百鸟齐鸣的如歌的吟唱，你仿佛置身于鸟类的乐园、交响的世界。

晨光曦微，红尾鸲抖动着浅红色的小尾巴，在树枝上东跳西跃，一面啄食昆虫，一面放声歌唱。在红尾鸲的唱声中，长着橘红色胸羽的红胸鸲也醒来了，它也发出银铃般的鸣叫。在早晨明媚的阳光中，树莺、燕雀、太阳鸟等也叽叽喳喳地加入这个合唱队来了。在百鸟争鸣中，瑶草奇花不谢的花果山呈现出一派鸟语花香、生机勃勃的景象。

古今中外，骚人墨客为鸣唱的鸟儿吟咏过无数感人的诗篇，雪莱写过《云鸟曲》，古印度史诗《摩诃婆罗多》中也唱出：“无忧树花果装饰枝头，怡人心灵呵鸟儿啁啾”的咏叹。孟浩然的“春眠不觉晓，处处闻啼鸟”更是脍炙人口，妇幼皆知。白居易也有“耳聪心慧舌端巧，鸟语人言无不通”的诗句。能歌善舞的黄莺更是博得古人特别的赞誉，有诗道：“剪刀谁与舌，珠玉合为喉；为传幽谷意，如见故人心。”陆游的《鸟啼》里也有“野人无历日，鸟啼知四时”的名句。

花果山上的百鸟争鸣，我们先从喜鹊说起。喜鹊自古以来就受到人们的欢迎，《西京杂记》里说，“干鹊叫而行人至”，因此，民间流传着“喜鹊叫，喜将到”的说法。“鲜鲜毛羽耀明晖，红粉墙头绿树林。日暖风轻言语软，应将喜报主人知。”（宋·欧阳修）“马蹄踏水乱明霞，醉袖迎风受落花。怪见溪童出门望，鹊声先到我山家。”（元·刘因）更把人们对“喜鹊报喜”的心情抒发了出来。

也许是花果山得到《西游记》里各路神仙的点化吧，一直生活在长江以南的红嘴相思鸟，近年也出现在花果山的密林中。相思鸟的翎毛华丽多彩，叫声清脆。

与此类似的，还有外形秀丽的金翅雀。金翅雀成群结队地上下翻飞，犹如起伏不定的波浪，一边飞翔一边鸣叫，声音仿佛悠扬的女低音，柔声细语，音韵曼妙。

叫声如行云流水的黄莺更像是欢乐的林中公主，在清晨、中午、黄昏的绿树丛中穿梭飞行，或金光一闪，转瞬即逝，或扇翅腾起，点点星星，艳丽悦目，或双双戏逐，绕树飞舞，互相唱和。这种黄莺，又叫黄鹂，自古以来就是文人学士雅颂的对象，“打起黄莺儿，莫教枝上啼。”这是古人的诗句。杜甫更是有歌颂黄鹂的名句，“两只黄鹂鸣翠柳，一行白鹭上青天。”“映阶碧草自春色，隔叶黄鹂空好音。”梅尧臣的《黄莺》诗描绘得更为形象，“最是好音最好听，似调歌舌更叮咛；高枝抛过低枝立，金羽修眉黑染翎。”是的，正是由于黄鹂体态优美，擅长歌咏，而成为历代文人墨客“借鸟抒情”的主要对象。“莺歌燕舞”历来在人们心目中就是美好事物的象征；“千里莺啼绿映红”寥寥数字，更写出了富有个性特色的美丽春景。

更为寻常的布谷鸟的阵阵啼鸣，像是在催人不误农时，真不愧是“春的信使”。宋代蔡襄有诗云：“布谷声中雨满犁，催耕不独野人知。荷锄莫道春耕早，正是披蓑叱犊时。”陆游也有诗曰：“时令过清明，朝朝布谷鸣。”布谷鸟学名叫杜鹃，广泛流传的“望帝春心托杜鹃”的故事，说的是古代蜀国有个叫杜宇的人，做了皇帝后称为望帝，后来死去，化为杜鹃。郭沫若写过一篇《杜鹃》，说“杜鹃是不会营巢的，也不孵卵哺雏……它的习性专横而残忍。”我觉得“专横而残忍”有过，小时候我常常看到布谷鸟被“柴喳喳”围而攻之，被喜鹊赶出巢穴。布谷虽然有不好的育雏习性，但它号称森林卫士，喜吃松毛虫，应该得到同情和赞许。

绿树成阴的花果山，因为有了鸟语而花香花艳，因为有了鸟语而云轻雾淡。在花果山上的鸟类家族中，许多鸟儿都是迁徙而来，然后又落居花果山的，如能歌善舞的百灵、歌鸲，温驯的白头鹎，可爱的红耳鹎。特别是白头鹎，我们小时候都叫它白头翁，它的温柔、善良，可以说是鸟类的楷模。白头翁好双宿双栖，常被画家、诗人作为绘画、吟诗的对象，被借喻为夫妇和好，或象征为白头偕老。“山禽原不解春愁，论道东风雪满头。迟日满栏花欲睡，双双细语话未休。”就说的是白头翁。“叽——咕儿，叽——咕儿”，这就是白头翁的叫声了。

如果你有闲暇，在春夏之交的明媚阳光里，约三五好友，穿行于花果山的绿树丛林中，那些体态优美、羽色艳丽、鸣声婉转、风姿绰约的鸟无不伴随着你，特别是那种纯自然的鸟鸣，能荡涤你心灵的尘埃，洗净你思想的陈垢，唤醒内心的纯真和明净。

来吧，听花果山的鸟鸣，也是在听我们心中原始的歌唱。

第八章
绿色的音符

一个城市有一个城市的品质，连云港市的品质就是山海相拥，就是海古神幽奇，就是青山、绿海、碧城。

二十年来，连云港市一直坚持以道路、河流绿化为纽带，以居住区、街头游园绿地建设为基础，以公园建设为重点，普遍开展植树、栽花、种草等活动，环境面貌得到大力改善，各类绿地的数量和质量明显增长，建设了一批上水平的公共绿地，涌现了一批园林式单位和居住区。以朝阳东路、海棠路为较高层次的骨干道路绿化已经形成。在建城区，以植物造景和常绿草坪为主，建设环境别致幽雅的群众休闲活动场所，苍梧绿园、在海一方公园、海滨公园、新浦公园、郁洲公园、孔望山公园等公园已经对外开放，青年公园、荷花园、桃花园、龙门公园、人民公园建设已成雏形，初具对外开放条件。先后完成了市区二十一条行道树种更新改造，播种常绿草坪近五十万平方米。

一、寻找公园

在城市里行走、漫步，有意无意间，会迎面碰到碧绿的草坪、青翠的乔木、盛开的花朵，你会觉得这是一座绿色的城市，鲜花的城市。

是啊，如今的连云港，公园、绿地遍布城市的各个街道、小区和河滨，随便走到哪里，都会被绿色包围。

但是，二十多年前的连云港，还是以灰色调为主的城市。灰色的街道，灰色的建筑，

苍梧绿园一角

灰色的河流，想找一块绿地真的很难，就连公园也是凤毛麟角。

讲一个段子吧。这是一个关于寻找公园的段子。

上世纪80年代初，我第一次来连云港市区，办完公事后，在街头闲逛。那时候的连云港，最热闹的是百货大楼一带，大小商铺有好几家，柜台里的营业员，清一色都是一副冷漠和不耐烦的面孔，和街道、建筑的颜色差不多，我朝货架上望望都有些心存胆怯，好像碍了她们的事，但是她们要是在一起用方言讲笑话，却是满脸的灿烂。我拘谨地转了几家商店，没有什么东西好买，就顺着解放路向西，逛到了南极路口。也许是初次进城的原因吧，觉得这个城市太大了，我这样毫无目的地逛下去，要是迷了路，找不到我

新浦公园湖畔

投宿的交通旅社怎么办？我想买一张连云港市地图。有地图就方便多了，而且我喜欢看地图。我父亲长年出差在外，经常带回来全国各大城市的地图，我会展开地图，一看大半天。如果有一张连云港地图，可以一眼就看到公园在哪里。对呀，到公园去玩玩不是挺不错的嘛，我至今还没去过公园呢。可连云港哪儿有卖地图的呢？回忆刚才逛过的商店，好像没有一家有地图出售。我估计新华书店能有，就打听新华书店在哪里。

新华书店在解放西路上，还不是开架售书，我隔着柜台问售货员：会计，请问有连云港地图吗？对方狐疑地看着我，好像我是个天外来客。

我以为是不是我的称呼出了问题。应该不会啊，称对方为会计，可是对城里人最尊重的称呼啊，我们村里的人称在镇上工作的公家人，都是会计呢。

柜台另一端的售货员走过来了，她显然也听到我刚才的话，说，有全国地图，要吗？我说不要，我要买一张连云港地图。两个女售货员相视一眼，突然哈哈大笑起来。那个岁数大一点的，笑得腰都弯了，两手按着肚子，眼泪都下来了。这有什么好笑的呢？我很是纳闷。那个年轻一点的用方言说，哪里拾当来的，还连云港地图，屁眼大顶（点）地方，尿泡尿就从南跑到北，还地图，笑死我了，哈哈哈哈！

我几乎是逃一样地离开了新华书店。

没买到地图，我可不敢乱走，就在解放路上晃荡吧。还是在南极路口，我看到有许多辆平板车，一顺地排在路边，有的板车上坐着衣衫破旧的男人，而更多的是男人们围坐一起，打一副更为破旧的扑克牌。他们一边说一边笑，很开心，仿佛不是在打牌，仿佛是儿童们的嬉戏。他们看我过去了，有一个人抢先站起来，大声问，要车啊？我被吓了一跳，随即反应过来，说，不要。于是他们又继续打牌。我相了一会儿眼，看不懂他们玩的是什么牌。再次想到公园，便问坐在板车上一个看上去比较和善的男人，师傅，请问连云港公园在哪里啊？这个师傅抬起头来，反问我，你要拉什么？我说不拉什么，我想到连云港公园去玩。这个师傅咧开嘴，却不是笑，而是讥讽的意思。顿了一下，他说，连云港公园？连云港远着了。这儿是新浦，懂不懂？你问连云港公园，到连云港问去！

这是我第一次被弄糊涂了，我身在连云港，问连云港公园，你不告诉我就算了，还叫我到连云港去问，难道我不是在连云港市？

我对这个城市那点有限的好感，彻底消失了。

我告别板车队，顺着南极路向南走，不远的地方有一个上坡，坡顶上是一条铁路，正有火车要通过，一根长长的横杆已经挡了下来，铁路两侧被堵了好多人，有胆大的，趁着火车没来，猫着腰，推着自行车从横栏下钻过，动作极为敏捷。

火车鸣着长长的汽笛开过来了，一节节黑糊糊的车厢从我眼前闪过。当最后一节车厢从视线里刚一消失，栏杆迅速被抬起来时，人群开始骚动，开始拥挤，开始争先恐后，小汽车、平板车、三轮车、行人，扎扎哗哗地往对面冲去，两股人流、车流绞在一起时，场面极其混乱，大约五分钟以后，才恢复正常的状态。

我是被人流夹裹着，身不由己地过了铁路的。我像一个形迹可疑的流浪汉，有些随波逐流地在城市的街头游荡。有一个乡下女人包着红头巾在路边卖花生，还有一个扶着自行车的男人，在卖凉粉，凉粉在自行车货架上的长筐里，盖着一块白纱布，散发着诱人的香味。在没有生意时，他们交谈着，大约是赣榆方言吧，声音非常独特，我感到有些新鲜又有些陌生，就像我对这座城市的感觉一样，还有一些茫然。时间已近中午，我想我也该买点东西填饱肚子了。我买了凉粉，又买了花生。我看出来，他们对我这个主顾还算热心。凉粉是直接打在一只白碗里的，浇上一些蒜泥和酱油拌的调料，我就站在路边，大口吃起来。我想，我买了你们的东西，该会告诉我公园在哪里吧？再说了，你们也是乡下人，不至于捉弄我。我一边吃一边问，连云港的公园在哪里啊？卖凉粉的还没有说话，卖花生的就抢着说了，喏，身后就是。她说着，扭回头，又用手指一下，这不是？门在那边。卖凉粉的说，这是新浦公园。卖花生的说，是公园，都差不多，还两样啊！

原来这儿就是公园。真是应了一句老话，踏破铁鞋无觅处，得来全不费工夫。

我走后，还听到卖凉粉的说，人家问连云港公园，你别指错了路。

我真想回过头去告诉他们，我的意思是连云港市的公园，随便什么公园都行，只要能让我打发这一天的时光就行了。但我没有回去，我只是回头望一眼，冲他们一笑，这是感激的笑，感激他们的淳朴和真诚。

我顺着公园的墙向南走，墙内有大树的枝叶伸出墙外，一片片绿阴，果然是公园的树，品质就是不一样。墙上也开始出现绿色的植物，密密的把灰色的水泥墙也遮住了。不知为什么，对于即将进入的公园，我有些忐忑，有些不安，内心里涌起莫名的悸动。

新浦公园的门票是两毛钱。我买一张门票后，没有直接进去，而是站在门口向里眺望。两排高大的雪松排列在路两侧，雪松的后面，有一些建筑和草坪，神秘地向深处延伸。我屏敛着呼吸，对于即将出现的尊容，有一种久违的期待。公园，这个简单的词汇，对于一个乡村少年，具有什么样的意义呢？城市的绿肺和心脏，幽雅的休闲场所，孩子们的乐园……那是后来才知道的。当我展开父亲带回来的一张张城市游览图，对着地图上那一块块绿色的标志，专注地审视，幻想着有朝一日也能在公园里留下脚印和目光时，我没有想到那遥远的幻想即将成为现实了，激动和兴奋是不可避免的，我有些手足无措，有些力不从心。

我像三岁孩子一样雀跃撒欢，神情亢奋，傻态百出。我看到，公园大门口，一个摆茶水摊的老太太朝我看。老太太的目光慈祥，简朴的衣裳很整洁。她的身边是一辆竹子做的手推车，车子里有瓜子、花生等零食，手推车前边是一张小方桌，桌子上摆着几个花色不一的玻璃杯，杯子里是褐色的茶水。她似乎也看到我的失态了，好像在鼓励我说，孩子，来公园就是玩的，玩吧。

我朝老太太友好地一笑，走过去，坐下来，一口气喝了一杯水。茶水不冷不热，口味也不好，苦涩，而且，不知是茶水里还是茶杯上，有一股咸鱼味。我问多少钱。老太太说二分。我掏出五分钱，又喝了一杯。老太太说，你再喝一杯，不用找钱了。就这样，我花了五分钱，喝了三杯水。三杯水就像三杯酒，有了三杯水垫底，我带着一颗虔诚的心，走进了新浦公园。

这是我平生第一次来到公园。

现在来叙述当时的心情，显然有些困难。但从此我和新浦公园结下了不浅的缘分，却是从那时候开始的——几年以后，我到连云港工作的第一个单位，就是新浦公园的东门对面，宿舍也在单位的那幢小红楼二楼上。无论在楼上还是楼下，无论上班还是下班，公园和我，都是近在咫尺、隔路相望的邻居。我每天早上起来，都来到公园晨练，公园的早晨是免费开放的，我就像如饥似渴的学子一样，畅游在公园的湖边，漫步在林阴下，歌唱在亭榭里。

而更为巧合的是，公园门口长年摆茶水摊的老太，也是我的邻居，她就住在我宿舍的楼下，一个人住一间房。人们都叫她吴奶，我也叫她吴奶。吴奶是个很要强的老太太，她没有工资，一个人就靠茶水摊和卖花生、瓜子等零食维持生活。下班以后的黄昏里，我会跟吴奶聊天，知道她儿子在连云港上班——也是从吴奶的闲谈里，才知道，原来，连云港市的居民从来不说自己是连云港人，都自称是“新浦街的”。在他们的意识里，连云港是特指港口，也涵盖港口上边的连云镇。而新浦是连云港的政治、经济、文化中心，说他们是连云港的，等于说他们是乡下人。他们对于自己是“新浦街的”，特别引以自豪。殊不知，这种浅薄的自豪，给他们带来了许多的麻烦，最典型的，莫过于火车站了。外地人到连云港出差，买火车票往往买到“连云港”的票，其实，连云港不过是东部的一个小站而已，他们要到的城市，却不叫连云港，而叫“新浦”。在那个年月里，新浦就是连云港的代称。

新浦公园在很长一段时间里，是连云港唯一的公园。1987年建成的海宁公园虽然只有六千平方米，但终究让新浦公园不再“唯一”。1999年，当苍梧绿园建成正式对外开放时，连云港的公园、绿地建设，才算走向一个大发展的阶段。

二、盐河边的记忆

对于那片小树林，对于那片散落在解放桥南、盐河西岸的小树林，许多人都记忆犹新，并心存好感。特别是那些曾经住在小树林附近的居民，更是把这里当成休闲和娱乐的场所，他们很难想象，在那个缺少绿色的时代，在那个河里流动着污水的年月里，是小树林给他们带来快乐，带来生活的情趣。他们在这里下象棋，打街头台球；在这里聚谈，传递小道消息；在这里听小戏，打老词（一种古老的纸牌），欢声和笑语始终是荡漾着的，就像那河里流动的污水——尽管是污水，也是长年不息——不过记忆里，这河水是清澈的、透明的，有许多鱼虾，还有白帆经过；不远处的河埠停泊着许多商船，那些南方运来的大缸和北方运来的麻袋堆在码头上；更有操不同口音的外地人，穿梭在河埠码头——五六十年前，这条河还是热闹的商河。河水被污染，也就是近二三十年的事。

清晨，小树林和城市一样，在曦光中醒来，夜色还没有散尽，小树林边上星散的街灯还有些许微光，栖息枝头的小鸟开始了一天的鸣唱，它们是这个林中真正的主人，占据着林中最佳的地盘。

盐河边上的绿地

盐河边

在鸟鸣声中，小树林迎来第一批客人，他们是耍剑打拳的晨练者，老中青少四世同堂，他们的练功服色彩各异，或白，或青，或红，或黄，有练太极的，有练气功的，有练少林拳脚的，那几个中老年妇女，伴着音乐在练扇子操。也有拎着鸟笼散步的老人，汇聚一起，论起鸟经来，也是头头是道。

早上的时光毕竟短暂，在鸟们还在枝头欢闹的时候，晨练者已经悄然而去。

短暂的寂静之后，小树林里迎来了一天更为热闹的时候，打牌游乐的人陆续进占了小树林，他们手里大都拿着凳子，抢占着为数不多的几张水泥圆桌。照例是打两副牌的“争上游”，几圈过后，他们的脸上，无一例外都贴上了纸条。那是一张张饱经岁月寒霜的脸，深深的皱纹里隐藏着走过来的人生道路，没有心浮气躁，没有急不可待，没有大忧大喜，他们用自己的形态，平静地生活在岁月里，显露着他们的天性，或一嘴的俏皮话，或像顽童一样争执，或开心地大笑，一切都是天然的，和小树林的宁静十分的贴切。

很多时候，打牌人没有相眼人多，往往是，四个人打牌，一周相眼的人有十好几个，这些人的成分相对就有些复杂，有下了夜班的工人，也有一时没有找到零活的农民。他们还算守规矩，只是相眼，并没有对打牌人指指点点，而是一味地跟着打牌人的快乐而快乐——在这样的场合，人是不分贫富贵贱的，享受的都是一样的祥和。

另一边，地场宽敞一点的地方，摆上了几张台球桌，台球桌显然已经破损严重了，花色的台球桌上布满星星点点的坑，草绿色的台布甚至补上了补丁——这又有什么关系呢，丝毫不影响他们的玩兴。

当然也有遛鸟的、下石子棋的、坐在河边闲聊的，一堆堆，一簇簇，因兴趣而聚，也因兴趣而分，各有各的玩法，只是不约而同地全聚在了这片不足一个足球场大的林子里。

惹眼的，还有林子南端的一个剃头挑子，使用的是传统而原始的理发工具，比如手推剪子，比如荡刀布，比如炭火焐的热水，还有掏耳的那套工具。理发人是个瘸子，较胖，涟水一带的口音，性格很温和，一边做手艺，一边低声慢语地和顾客说话。要说他还真是找了个好地方，低廉的价格，加上传统的服务，还真是吸引了大量的老人来理发，从早晨到傍晚，他的剃头挑子前总是有排队的人。

晚上的景象更为热闹——不知哪里来了一个小戏班子——有人说来自灌云，有人说来自灌南，有的说来自更远的沭阳。不管来自哪里，他们是一整套吹拉弹唱的“班子”，一把二胡，一把三弦，一支笛子，一副梨木戏板，一面破皮小鼓，开始咿咿呀呀起来，一块来历不明的街头广告横幅围成一个圈，就是后台了。几个演员身穿花花绿绿的戏装，极其夸张地从“后台”摇摆着上场，“台下”的观众渐渐多起来。这些观众和白天的人群又有所区别，多是老太太、老先生，身上带着几毛钱，就能听一出《秦香莲》《十二寡妇出征》或《周法乾杀妻》，这是以淮海戏为基调的小戏，大都有完整的结构，讲述的是老派的风花雪月和爱恨情仇，很吸引老年观众的耳朵和眼球。

随小树林的热闹应运而生的，是一些时令小吃和瓜果小摊，白天夜晚都有，他们卖一些简单的小吃或果蔬，尽量方便林中的人群。

只是这林中的一棵棵树木，在越来越多的人的作践下，开始不堪重负，开始大面积地死亡。这是些什么树，我不是植物学家，不能叫得上名字，它的树皮类似国槐，而树干的挺拔又像白杨，树冠又好似洋槐，因为常年无人修剪打理，整个树形干巴火眼，并不茂盛，像长年受气落泪的小寡妇，而且虫害特别严重，夏天或秋天，有许多黑色的虫屎像雨一样布满一地，树干也被虫蛀了，一个个洞穴里流着黑水，像眼泪，又像是倾诉。几乎每棵树干上都有破皮割肉等损伤，老伤添新伤，新伤又摞伤，而且在伤痕累累的树干上，还有一些油迹、鼻涕、踩踏等痕迹，特别是靠近河边的那一排，被林中游乐的人当成了洗手间，长年累月被尿浇灌，早已经枯死，和黑色的河水倒是非常匹配。

但这又怎么样呢？包括来林中游乐的人，没有人去关心树的生存、关心树的命运，他们只是一味地享受。

小树林向南，沿着河边的是几户人家，一色低矮的红砖平房。再向南就是横穿城市的铁轨了。铁轨以南是一条路，或者说有了路的基本形状，叫盐河路，路面窄窄的，铺

街头小戏

着年久失修的柏油，可以通到连云港纱厂和孔望山。这条路上常有驴车通过，嗒嗒的驴蹄声，穿过白天和夜晚的城市，让路边行走的农民常有置身家乡的感觉。而最有农村情趣的，是这条路上有肥猪横过，这不是危言耸听，是我亲眼所见，一条膘肥的、足有二百斤重的大黑猪，在铁路基下闲庭信步，寻寻觅觅，一直走到盐河路上，并从盐河路上大摇大摆地走过，到盐河里喝水。盐河的堤岸上没有石头护坡，肥硕的泥土上长着许多猪喜欢吃的野菜和随意倾倒的垃圾，这头肥猪就悠闲自在地在河坡上吃起野菜和垃圾，好像这些野菜和垃圾是专门为它准备的。

有一天，小树林中开始流传，要建新火车站了，就在后沈圩那边。有人不相信，大声说："傻啊，建在后沈圩，谁去啊！"还有人说："后沈圩？说梦话吧？哪有路通？铁路还能绕个弯？"没过几天，新消息不断地传来，不光要新建火车站，铁路改道，绕经后沈圩，还要修一条人民路，从后沈圩一直向东，和解放东路相接。小树林中的人更是将信将疑。但是，当他们听说，要沿着盐河修一条更宽敞的盐河大道时，他们还是愣住了。修一条一百多米宽的盐河大道，不但预示着这片小树林不存在，就是他们的家，世代居住在盐河西岸的家，也将面临拆迁。

"我们上哪里去玩啊？上哪里去打扑克牌听小戏啊？"一些老人忧心起来。很多人也跟着忧心起来。他们对河边的小树林太熟悉了，这里留下他们从童年到老年的太多的记忆，很多人是把小树林当成他们的另一个家，常常坐在树林里抠眼屎、打瞌睡，饿了吃两个油煎包，渴了，喝两口随身带来的大瓶水。这突然地要面临搬迁，人人的心里，既是不舍、留恋，又是恐慌、迷茫。

然而，连云港人真是封闭太久了，真是没见过世面了，真是太多虑了。

两年后，当新火车站修竣，人民路贯通，从解放路到火车站广场的盐河路通车后，他们才醒悟过来，才惊叹规划者和建设者的大手笔。而接下来，他们期待从解放路向南的那段盐河路的修通，可谓是迫不及待了。

又过两年，一条长达两千二百米的盐河路，北从火车站，南至朝阳路，在荒草萋萋的盐河西侧贯通了。不久之后，又延长，过玉带河，直达孔望山。当年孔子相望的白茫茫一片海域，有了一条几公里长的景观大道。曾一度黑油油的河水，几经治理，也得到了控制。

在许多个清晨和傍晚，我们看到，昔日小树林里的老人们，汇聚在滨河广场的草坪上和树林里，打拳、遛鸟、聚谈、说笑。人还是那些人，精神和面貌却完全不一样了，他们似乎和这广场花红柳绿的色彩一样，和河里的清清流水一样，变得鲜亮起来，变得活泛起来，也变得年轻了许多。

滨河广场是盐河路滨河绿地的中心地带，其核心部分占地面积达三公顷，投资约一千一百三十九万元。滨河绿地是沿河路的主要绿地，根据不同地段的环境、功能、景观及游人的心理，进行不同的平面造型组合，展现出层次变化和季节变化。滨河绿地的建设，以常绿草坪为基调，适当点缀乔灌木及四季花卉，形成树林草地的效果，局部地段设置了休闲小广场及游览步道，草坪上点缀着巨石假山，尽可能营造园林空间。整个建设工程共完成景柱、大理石铺装一万三千四百平方米，水面景观面积一百平方米，张力膜景观建筑物一百五十平方米，游览步道四千八百平方米，管理用房三百平方米，绿地四点二公顷等。

盐河变了。盐河的两岸变了。人也变了——当夜晚来临时，彩灯和喷泉在河滨广场上竞相闪烁，把游园人的脸上也涂上了欢乐的色彩。

这流光溢彩的滨河广场，就是当年小树林生长的地方。那些当年的老人们，是否还记得臭水沟边的小树林？或者反过来问，美丽的滨河广场，似乎还记得当年的老人？如果河流有记忆，如果绿地有记忆，它们该不会忘记吧。

三、小区的草地

居住区的绿化，最能体现这个城市的绿化价值——所谓的价值，不仅是形式上的绿化，不仅是一味地追求绿化率，它涉及管理和维护，甚至包括欣赏者的水平。如果种一棵草，只是把草种下去，那么这棵草和野草又有什么两样呢？如果植一棵树，只是随意地选个空地植下去，这棵树很难体现出它应有的价值。所以说，无论是种一棵草，栽一株花，还是植一棵树，都要和周遭的环境、建筑的构造、色彩以及人文的素养，形成有机的协调。

连云港的小区绿化，或者说居住区的绿化，通过这些年的摸索并经过专家论证，已经走出了一条特色之路。比如苍梧小区，这个小区居住人口密集，居住人员的文化层次较高，采取的绿化是园林式的，有假山，有水榭，有廊亭，有小广场，有花圃，有竹园，可供小区的居民休闲和观赏，广植桂花、樱花、红叶桃、海棠、合欢、雀舌黄杨等名贵树种以及木槿、红枫紫薇、西府海棠等四十馀种植物品种，中小乔木一千八百馀株，小龙木、冬青等灌木近五千馀平方米，铺设常绿草坪二点八万平方米。在西门、北门出入口及主要道路边放置花坛三十只，以便于种植季节性鲜花，事实上，这三十个花坛也是

小区绿地

长年鲜花开放；楼间由数千株灌木组成梅花形、“S”形色带；二十把高档休闲长椅放置在楼间草坪、绿化带附近；设置草坪自动喷淋系统；选取二十九块风格迥异的奇石，分别置放在东西绿化中轴线、南北绿化中轴线以及二期生态园里。

再比如兴业时代花园，这个小区占地面积九点三公顷，总建筑面积十五万多平方米。小区内共栽种各种名贵树种一千馀株，金叶女贞一点四万株，红叶小柏一点二万株，常绿草坪一点六万平方米，马尼拉草坪六千平方米，其中干径在二十厘米以上的榉树二十四株，干径在十五厘米以上的广玉兰二百六十株，高达两米、树冠直径一点五米的桂花一百五十株，干径在六厘米以上的樱花二十四株，以及雪松、黑松、龙爪柏、香樟等名贵成年树种。小区各楼位间建设桂花园、樱花园、广玉兰园、香樟园、棕榈园等十二个。

光明小区绿地2002年建成，廊架、景亭、水系相互融合，风景幽雅宜人。绿化用苗丰富多样，乔木有雪松、法桐、银杏、广玉兰、垂柳等；灌木有大叶黄杨、瓜子黄杨、火棘、龟印冬青、碧桃、梅花等；地被有四季青草皮、马尼拉草皮、白三叶等，达到四季常青、三季有花，绿化面积达到二点五公顷。

这三个小区只是连云港小区绿化的缩影和代表，截止到2005年，全市建成居住区六十八个，有四十九个居住区绿化达到《江苏省城市居住区和单位绿化标准》，占全市居住区总数的百分之七十二。

但是，连云港居住区的绿化却是走过一段风雨之路的，也让不少居民留下不甚良好的记忆。

还是来讲一个段子吧。

1996年，我搬进了“河南庄”，这是城市的核心地带，居住人口密集，周围商业街多。就是这样一个地方，小区里的那块草坪，却糟蹋得不成样子。

这块草坪面积不算小，我目测一下，不会少于两三亩吧，有一个矮矮的围墙，种上了绿茵茵的草皮，据说是从外国进口的，早一两年，这块草坪有人浇水，也有人管理，虽间或生出杂草，但不影响大局。

不久，我看到草坪里的杂草渐渐多起来，有灰条菜、艾蒿等，还有一种虾须草，虾须草一簇一簇的，遍布在草坪的各个角落。我发现，有杂草的地方，那矮而细的进口草就被杂草欺负得萎缩了。又过一两年，我惊异地发现，原先整齐、翠绿的草坪，居然被枝枝蔓蔓的虾须草取代了，还有那些越长越旺的灰条菜和艾蒿。在这些杂草的缝隙里，偶尔还能看见一两根苍黄的须——这就是当年进口的人工培植的名草吗？

草坪荒凉了。

草坪荒凉得实在不成体统了，杂草有半人深，特别是那些灰条菜，居然像荆棘一样

小区绿地

拥拥簇簇，应运而生的就是居民随手乱扔的垃圾，垃圾和杂草为伴，时间一久，草坪里蚊蝇飞舞，恶臭熏天。我每每领着两岁的儿子路过，都是屏息敛气，急步如飞。

某年夏天，一个细雨霏霏、热气拂面的早晨，我在草坪边上的水泥路上行走时，不经意间瞥见尺把高的矮墙上爬着一只蜗牛，挺大的，比我的大拇指头还大，正舒展开身子，贴在瓷砖的矮墙上爬行。它速度不快，身后有一两尺长的白色行迹。蜗牛似乎并不怕人，在我好奇的目光下，仍我行我素。我立即想到《蜗牛和黄鹂鸟》这首歌。

我伸出手，不由自主地捉住了蜗牛。我想，两岁多的儿子巴乔要是看到这个小精灵，会怎么样呢？这个怪怪的小家伙，他还从未见过呢，他要是见到这个陌生的新朋友，说不定有多高兴啊。

我拿着蜗牛往家里走，再一想，不对，巴乔顽皮，人虽小，手上力气不小，万一把蜗牛弄坏了，岂不可惜？这么大一个蜗牛，鲜活水灵的，并没有老态，要是终结了它的生命，也太不公平了。我看着恶臭冲天的草坪，看着细雨中的杂草鲜绿碧翠，心想，在这样的草丛里，应该还有不少蜗牛吧？我想当然地认为，蜗牛是喜欢脏地方的。只有这种地方，才能生长蜗牛，那么，这儿才是它的家，才是它的乐园，才有它的故交新朋。想到这里，我蹲在草地边，拨开杂草，把蜗牛放到布满腐烂的西瓜皮和杂物袋的草窝里，让它贴近这些垃圾，便于生存下去。

有一天，我领着巴乔从草坪边经过，巴乔不愿意走路，要我抱。想起刚学走路时，我不让他走，担心他摔跤，他不让我抱，闹着要走，而且喜欢往草坪里钻。草坪太脏了，我当然不让他钻，他就跟我闹，坚决要自己走。现在他已经练就了“飞毛腿”，跑起来他母亲都追不上，可却偏偏腿懒。我想让他多走路，就哄他说：“前边有蜗牛，巴乔快跑，到前面找蜗牛去。”说罢，我先“跑”起来，一边“跑”，一边往路边的矮墙上看。我想，不是雨天，能有蜗牛吗？

“蜗牛呢？”我带着呼唤的口气说。

巴乔也一路跑来，也说：“蜗牛呢？”

“蜗牛，出来。”我哪里是找蜗牛啊，不过是哄巴乔走路而已。

巴乔没见过蜗牛，也没听说过蜗牛。蜗牛这两个字，是第一次从他嘴里说出来。他知道蜗牛是一种小动物吗？他那小小的心灵里，会把蜗牛想象成什么样子呢？这时候，我倒是真想发现一个蜗牛，让巴乔见识见识。

“蜗牛，你在哪里？巴乔要看看你。”这可是真心话了。

仿佛是听到我的呼唤，蓦然间，我看到矮墙上贴着一个小黑点，我走近，俯身一看，果然是一只小小的蜗牛，虽然只有玉米粒大，却是真正的蜗牛。

园林化小区遍布城市

“巴乔，看，蜗牛。”我又夸张又吃惊地逗着巴乔。

但是，巴乔却站着不动了，他昂着小脑门，说：“爸爸别过去，爸爸快回来，那里脏，太脏，啊——臭！”

我不免为草坪悲哀起来。草坪本来是净化空气美化环境的，却让两岁多的孩子嫌成这样。我只好遵从巴乔的意见，领着他走了。本来孩子是喜欢蜗牛这些小动物的，就是因为肮脏的草地和散发着恶臭的垃圾，连孩子都望而却步了。

这块草坪已经荒凉有一阵子了，也是家住河南庄的刘先生在报社工作，还专门让记者写一篇文章，呼吁治理。

当然，现在的这块草坪已经重新焕发生机了，培上了新土，在楼中巷两侧的花圃里分别各堆一个土包，重新种了草，栽上花，植了树，树是玉兰树，花有迎春花，草也更换了品种，好像是书带草。我经常看到有园艺工人在拔除杂草，喷洒农药。在西侧的草坪中间有一个曲形的回廊，环绕回廊的是一个小型广场，经常有人在小广场上打羽毛球。东侧的花圃中间有一个沙塘，在沙塘里安装了各种健身器材，每天的清晨和傍晚，都有小区的居民在这里锻炼。

这就是我居住的小区的草坪，它又焕发了新的青春，唱起了新的歌谣。

园林城市不是招牌。

园林城市也不是工程。

园林城市是实实在在为老百姓着想的实事，它有一个好听的名字，叫惠民。

近五年，连云港人抓园林城市建设，可谓动了不少脑子，他们搞出了两句话，一个叫“引山”，一个叫“近海”。就是说，总体布局，突出“青山、碧海、绿城”的城市特色和城市风格。光嘴上说说不行，要脚踏实地地去做。于是，他们组织了班子，搞了一套《连云港市城市绿地系统规划》，制定了公共绿地、风景名地、防护林地等各类绿地绿线。

五年来，全市共投资十五亿元进行城市绿化建设，组织实施了道路绿化工程、公园广场绿化工程、街头绿地游园工程、河滨绿地工程、生产绿地工程、居住区绿化工程、单位绿化工程、见缝插绿工程、风景林地建设、出入口景观整治等十大绿化工程。尤其是从2005年开始，打破了常规，组织开展了春秋两季绿化，摸索出了秋季绿化的成功经验，全市绿化建设呈现出跨越式发展，每年新增绿地二百公顷以上，相当于前五年新增绿地面积的总和。

在这几年里，建成了苍梧绿园、在海一方公园、郁州公园、西南出入口绿化景观工程、龙尾河生态景观长廊、盐河景观带、新港城大道绿化、东方大道绿化、连徐高速零公里绿地等一大批亮点工程，涌现出如苍梧小区、万润花园、新电光明小区、香溢世纪花园、兴业时代花园等一批绿地标准比较高、人居环境优美的生活居住区，同时加强了风景名胜区的环境改造和硬软件配套建设。

小区草坪

第九章
城市笔记

三十年前，有人略带夸张地形容新海城区的马路只有“两横三竖加一老”。“两横”，就是解放路和海连路；“三竖”，分别是南极路、海昌路和通灌路；“一老”，就是民主路，旧称“老大街”或“老街”。而且“三竖”向北都是“断头路”，像没人管束一样，莽莽撞撞一头扎进最大的一片棚户区。奇怪的是，那片棚户区，居然是城市的主体部分——居住着这个城市三分之一以上的居民。此外要说的，就是连接海州和新浦的幸福路了，但这条路的两侧还大部分是农田和菜园。苍梧路南侧更是一望无际的稻田，雨季里，虫声啾啾、蛙鸣如潮。

二十年前，几条不经意穿过城市的河流，河边堆着花花绿绿的垃圾，河里流着黑色的城市脏水。

十年前，陇海铁路从城市横穿而过，巨大的轰鸣声在耳朵边不停地隆隆轰响，路轨两侧更是垃圾遍地、蒿草丛生、水塘密布、芦花荡漾。

连云港市新海城区，在很长一段时间里，都是典型的小城镇格局，缺乏合理的整体规划，缺乏完整的公共设施，没有污水处理系统，城市格局主要限制在龙尾河和西盐河之间。

三十年后的今天，城市已经发生了大变化，街道像棋格一样密集、宽敞、平整，两侧的绿化更是色彩纷呈、四季常青。经过几年的整治，流经市区的河流河水终于清澈起来，河边绿地和河畔花园开着成片的花。

一、到沈圩有多远

沈圩在哪里？到沈圩有多远？

在相当长的一段时间里，人们对沈圩的概念是模糊的。沈圩好像就在身边，又仿佛相当遥远；好像伸手可触，又仿佛远不可及。

那一年，我还是一个文艺青年的时候，和同样是文艺青年的王、戴、相一行四人到蔷薇河散步。说是散步，其实是畅谈文学。那真是一个多梦的时代，也是一个多梦的年龄，我们还没有摆脱二十多岁的轻狂，还怀揣着狂妄甚至是自大的理想。

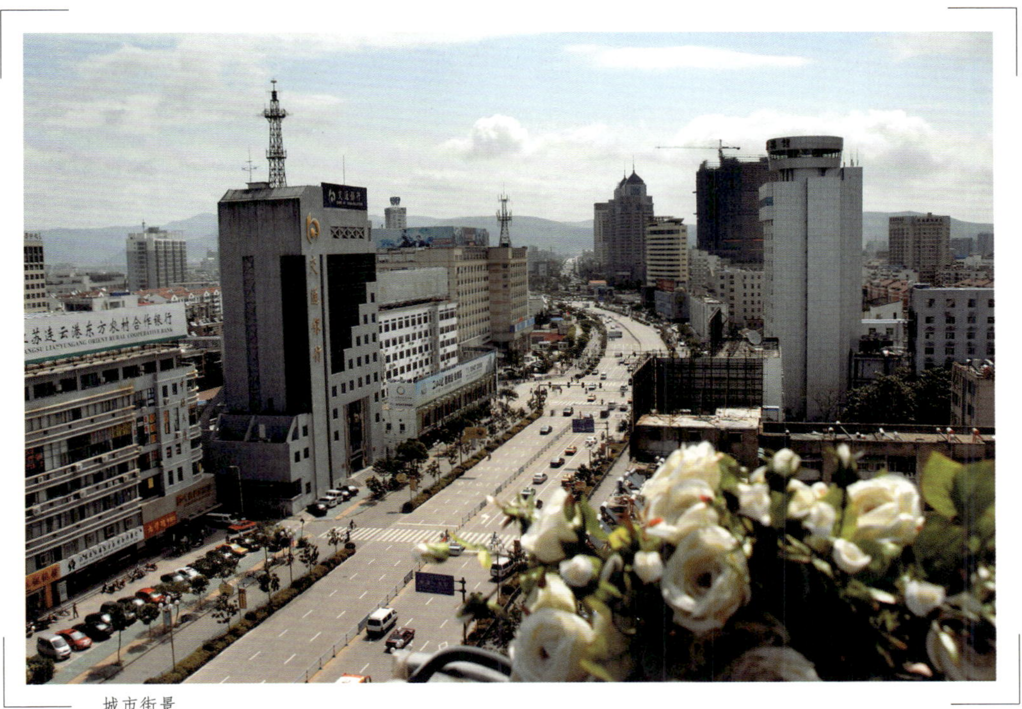

城市街景

那天是一个5月的黄昏，我们在财校附近的小饭馆里吃拉面。吃拉面也就是几分钟的事。也许是谈兴正浓吧，不知谁提议，到蔷薇河散步去。散步，那可是一个高雅的词啊，当年在上海的北四川路上，郑振铎、叶圣陶和上海的许多文化名人，就经常地散步，许多经典的文学著作，就是在散步中完成构思的。我们当然神往那样的意境、那样的雅集了。

但是，通往蔷薇河的路在哪里呢？

我们问一个修鞋的老人。修鞋老人说，蔷薇河？还在后沈圩北呢。我们以为听明白了，其实问题随之而来：后沈圩又在哪里？鞋匠是个和善的老人，他抬起头来，沉吟半晌，给我们指了一条道：拐过去，沿着造纸厂的东墙根向北走，有一大片柴汪，走过去就是后沈圩，你们试试。

试试？什么意思？难道还走不通？

顺着老人的指点，我们沿着造纸厂的东墙，很快就走到了尽头。在造纸厂东墙和北墙的拐角处，我们没有了去路。或者说，路倒是有一条，被一片一望无际的芦苇淹没了。或许是刚下过一场暴雨吧，芦苇格外的青翠，芦苇里的鸟鸣声也清亮悠远，而芦苇下却积水很深。在芦苇丛中，在水塘中间，有一条土路，宽不过一米左右，上面有人走过的痕迹，路面早已泥泞不堪，有些路段还被塘水淹没。

我们都是农村长大的，对于这样的泥泞早已司空见惯，并不害怕。让我们为难的是，天色已晚，太阳很快坠入西山，我们担心在天黑前走不到蔷薇河，我们担心迷失在芦苇丛中。

这时候，我们听到有“泼滋泼滋”的脚步声——一个男人从芦苇丛中钻了出来。他是城里人，还是沈圩人，你绝对看不出来，他穿一身灰色的衣服，留着凌乱的发型。让我们感到亲切和惊奇的是，他把自行车扛在肩膀上。那是一辆笨重的长征牌加重自行车，重量不轻，压得他身体大幅度倾斜着。他小心选择着有草梗的小路，跳跃着，躲闪着，即使这样，他的解放鞋上依然粘着许多黑色的烂泥。他从芦苇丛中钻出来，一抬头，看到我们，先是一惊，后又一笑，说，没事，能走，别滑到苇塘就行。

能走？我们中的一位说。

能走。他说，已经从苇里的小路爬到我们身边了。他把自行车放下来，擦着脸上的汗，说，你们不是沈圩人啊？

不是，我们去蔷薇河……有事。

噢，蔷薇河，过沈圩就到了，去吧，趁天还没黑。

他的声音像邻家大哥，充满着关照，仿佛经他这样许可，我们就有了信心一样。

于是，我们四人走进了芦苇丛，走在了芦苇丛中的小路上。这是一条自行踩出来的小路，似乎也有人修整过，曲曲弯弯的，绕着那些大大小小的水塘。芦苇长势并不好，细瘦，可见地劲不足。有些地方还被拉拉藤和葫瓢歪歪缠绕，芦苇更是被这些喜欢攀附的藤状植物压倒，趴在水面上。水塘里的水也没有什么特色，说不上浑浊，也不够透彻，大约生长“逼柴根”、泥鳅等鱼类吧。走不多远，感觉芦苇丛很深了，四周全是不见天日的芦苇，黄昏的暗紫色照在芦苇丛中，有种鬼魅和神秘之感。我们学着扛车人，跳跃着，选择着干爽的地方，但仍然不时地踩在水汪或烂泥里。

这段路有四五百米，或者更长。当芦苇逐渐稀少、芦苇丛中的高地上开始有零星菜地的时候，我们知道，已经走出了可怕的芦苇荡。

我们从沈圩村头继续北行，远远的，看到高大的河堤上那成片的杨树林了。

我们是一路小跑着，在天完全黑下来之前，赶到了河堤上。

蔷薇河真宽啊，河水碧清碧清，深不见底，宽宽的河滩里，杂草青翠，有晚归的鸟在河滩的杂草上做超低空飞行，身形异常矫健。河对岸，透过树林，更是一望无际的麦田。

不知是谁，发现河里有一条船，看，船！

我们惊喜着，大呼小叫地跑过去，跑到一个简易的渡口。

船上有一根缆绳，系在简易码头的木桩上。我们把船拉到岸边，纷纷跳到船上。船在水里摇晃，河面上荡起涟漪。我们就坐在船帮上，开始我们这次沈圩之行最重要的谈话。不知谁说起了沈从文，由沈从文说到汪曾祺，说沈的小说，说《边城》里的渡口，说汪的《异秉》。那是一次浪漫的文学沙龙，对大师的迷恋和对文学的神往，让我们忘却了通往沈圩的艰险的路。

其实，通往沈圩的路，还有一条——这是我们回去时才打听出来的。

天色近晚时，我们从沈圩村穿过，来到另一条河边。河上有一座桥，过桥从陇东火柴厂边上走过，就是新新路了，沿新新路直走，在建国路拐个小弯上市民路，对面就是解放路上的百货大楼。这样看来，到沈圩还是很近的。由于大浦河上只有这一条窄窄的险桥，河北沈圩村又在北郊野外，感觉就特别遥远了。

细究起来，沈圩这地方和主城区新浦是有着密不可分的关系的。

早在上世纪初，这里还是一片丰产的盐田，盐东是富安村刘姓。随着海水东退，盐产量减低，灶民生活越来越清苦，连盐东的租金都交不起了。刘家见晒盐难以为继，就把“引子”（官府发的晒盐许可证）卖给了外地财主。

外地财主对灶民盘剥更为厉害。那么，靠晒盐为生的灶民生活，就进一步雪上加霜了。

渐渐地，灶民不再晒盐而另谋生路去了，曾经兴盛的盐田大势已去，没过几年就荒废成一片盐碱地，成了草滩和芦苇荡，分别被海州、东海、赣榆几家大地主买去，原有的灶民，自然地形成了几个村落。

被沈家买去的地，叫沈圩，散落在沈圩的居民点，就叫沈圩庄了。赣榆许家占的地块，一处开有“翠泰槽坊”，就叫翠泰庄，一处叫茅口庄，叫茅口庄的，可能那一带有着丰茂的茅草地吧。而富安刘家留下的靠近河口的几户人家，就叫河头庄了。这些村庄，当时还没有统一叫沈圩村，也不是位于蔷薇河南，而是在蔷薇河北。蔷薇河改道，是在1952年。当时蔷薇河的走向是从富安方向过来，经过现在的新浦热电厂身底，到陇东火柴厂、陇东中学北，拐一个大弯向南，经木工厂一带，一直东去入大海。这条大河宽几十丈，望向对岸都是白茫茫的。河水随着海潮时涨时落，大潮时，海水可倒灌几十公里，一直倒灌到东海的瓦基一带。蔷薇河是一条天然屏障，给北岸的几个小村带来许多不便，而且水患不断，因此，"蔷薇河裁弯取直工程"就在这样的背景下开工了。工程完工后，原来在河北的四个小村落，变成了河南，四个村庄也统一合并成一个行政村，叫"沈圩"，由于在新浦北，又俗称"后沈圩"，并由东海县划入新浦区。

但是，蔷薇河是绕过去了，原来通往蔷薇河的西盐河，没有继续往蔷薇河延伸，而是通过旧河道流进了大浦河，然后入海。西盐河以西一带的旧盐池，经过多年演变，就成了一处处水塘和芦苇地，这就让沈圩村处在两条河的中间，交通反而更为不便了。

在很长一段时间里，从市区真正通往沈圩的路，只有建于50年代的陇东火柴厂后边一座窄窄的水泥桥，而向北，不得不靠渡口和外界相连。有人用"逼死猫"这一民间棋类游戏，来形容沈圩所处的闭塞，真是再形象不过了。

如今，沈圩已经是城市重要的组成部分了，连云港火车站、汽车站等重要单位和许多建筑都坐落在当年的盐滩上。通往沈圩的路，更是有宽百米、绿树成阴并布有鲜亮绿化带的盐河路、通灌北路和郁洲路三条大路了，人民路也从沈圩横向穿过，与解放东路相连。老的沈圩桥经过重建，也焕发了新姿。

当年闭塞之地，已经成了交通要道，吸引了许多花园式小区纷纷在这里落户。旧盐滩上的芦苇，如今已经建成了公园绿地，典型的要数位于郁洲北路以西、人民路南侧的郁洲公园了。这个于2008年1月1日竣工的公园，占地面积十七点六公顷，是一座集娱乐、休闲、运动、健身、休憩、餐饮、观光、旅游等多功能为一体的现代化、生态型、综合性公园。公园绿化和水面占全园面积的百分之八十以上，体现了"民本、文化、现代、生态"的建设理念。

通往沈圩的路变了，沈圩也在变。

二、老铁路·步行街

连云港市区商业中心的步行街，是一个繁华的场所，街两侧的店铺一家紧挨一家，招牌也是五花八门，各显神通，色彩艳丽，个性十足。平时的步行街上，都是成群购物的人群，要是双休日或节假日，更是人流的海洋——这里不仅是市民购物的首选地，也是他们休闲的好去处。至于外地客人，来连云港出差或旅游，都把步行街定为此行的必达目的地之一。

是啊，步行街之于连云港，就仿佛南京路之于上海一样。

步行街店铺多，商品好，服务周到，这是人所共知的；步行街两侧的花坛里，花卉四季常新，花香四溢，这你也是知道的；步行街上新添了数组雕像，有《西游记》唐僧师徒四人的群雕，有搏风击浪的船雕，也有渔民抽旱烟小憩的造型，你自然都看到了。可能谁也没有注意，步行街东首，有一段地面上，地砖的花纹是一条火车道的构图，那一根根枕木非常形象和逼真——这是什么意思呢？

对步行街历史稍有了解的人都知道，原来，这里曾经是一条繁忙的铁路。

多年以前，我习惯在盐河边的铁路基下游荡——这个说法并不准确——我上班或者下班，即使是上街买菜，到医院看病，到公园散步，都必须沿铁路基下的小道，顺着铁路走上东边的海昌路或西边的南极路。在我走路的过程中，一列火车会突然地从我的视线里出现，或者从我身后响起长长的汽笛声，那隆隆驶过的馀音在我耳边袅袅着，持久不散，但是，只在愣神间，一列火车，又从另一个方向驶来了。

在休息的日子里或下班后的黄昏，我也会站在门口，看火车从我家门口经过。

看火车，不得不成为一个习惯，或者说，成了百看不厌的景致。

我不喜欢黑糊糊的货车，虽然货车总是比客车多——货车好像都很长，从我家附近路过的那一段铁轨弯着一个很大的弧线，我会看到车头已经驶过去好久了，而它长长的尾巴好像还在很远的地方，就像一条蠕动的大蜈蚣。

这些疾驰而去的火车，穿过城市也穿越时间，成为我们身边惯常的景物。它霸道，也飞快，你来不及眨眼就消失了。

但我喜欢那些慢慢行驶的火车，悠然的、"晃荡晃荡"的、像是跑累后的慢走。这时候，火车上的货物就会清晰起来：化肥，煤炭，还有矿石。有一年，整整一列火车上，居然全拉着大炮，大炮被绿色的帆布包着，但依然看出来是大炮。当然，也有的车厢是封闭的，你不知道里面装着什么，连想象的空间都不给你。而那些整列整列的油罐车，那些“严禁烟火”的红色方块字，总是带着某种庄严和肃穆。

如果你天天面对一列一列飞速行驶的火车，也总想做点什么吧？是的，我有时候会一节节地数着车厢，一二三四五地数下去，而大多数时候是数不清楚的。说来有意思，当数到四十八或五十八这些接近整数的时候，总会把车头和车尾也算上去，凑个整的，心里好像就踏实些了。而火车司机更是我关注的重点，我有时能看到他的面孔，虽然只是很短暂。如果碰巧这个司机到我跟前时放过一阵白烟，我会认为是他对我的特别关照。

最感兴趣的，是火车上的字，汉字和数字，手写体或印刷体。货车上的那些白色或黄色的数字编号都是大数，想象不出来那一串串神奇的数字里所藏匿的意义。而那些临时写上去的粉笔字或毛笔字，大大小小、歪歪扭扭，内容更是含混不清，会让你产生无尽的遐想，比如“三间房”、“二姐庄”、“锅底坑”、“店次”、“桑树”。有一次，我看到“瓦恰”两个字，怎么附会，也想不出来这俩字相组合的意义。相比较而言，客车上的标志牌就好理解得多了，连云港往上海的，连云港往南京的，连云港往北京西的，连云港往乌鲁木齐的。

早上八点左右，开往乌鲁木齐的火车如约从海边方向过来了，我看着车窗下边的白

步行街上的西游记雕塑

色标志牌：连云港—乌鲁木齐，心里总有一种无边无界的感觉。乌鲁木齐，那是一座远在天边的城市啊。火车在高速行驶，从车窗看进去，并没有多少旅客。但是，对于那有限的几位乘客，我充满敬意，我想当然地认为，他们都是去乌鲁木齐的。乌鲁木齐毕竟太遥远了，那是新疆的首府，是西部的名城，要穿过整个中国才能到达，途中还有大草原和荒无人烟的大戈壁。记得一个朋友说过，你没到过新疆，就不知道祖国有多大。于是我开始想象大戈壁里的景象，想象那里的胡杨林和骆驼队，想象穿花衣裳跳舞的美丽的哈萨克姑娘和剽悍的骑手，他们也像我一样，喜欢在路基下行走和在自家的门口张望吗？我还想象有关“克拉玛依”这首歌曲里唱到的词，我一直以为，这应该是一位维族少女的名字，当知道是新疆的一座小城时，多少还是有些失望。也好，克拉玛依就是新疆城市中的少女，她永远年轻，永远充满朝气。

我说不上来这条路基对于我意味着什么。说起来，我在城市住了二十多年，有三次搬家的经历，每一次都没有逃过这条路基。

第一次搬家，是搬到新浦公园的北墙外，其实就在铁路路基的南侧。

推开我家的后窗，可以看到穿梭而过的火车。如果从后院的小门出去，更是直接走上了路基下的小道。这条小道是柏油铺就的，大约一米宽左右，也许是年久失修吧，有的地方的补丁改做了石板或水泥方砖。小路的南侧，我居住的这片街区，清一色都是数十年前的平房，有石头房、砖房，还有泥房，低矮、破旧、潮湿，墙壁斑驳得很厉害。房顶的瓦也是红黑错乱，乱搭乱建的建筑很多，丁丁拐拐，高高低低。小路的北侧，就是高出地面一米多的铁路路基，上面铺着一条单行钢轨，护轨的碎石上常常洒着可疑的斑迹，会有一两粒石块冒失地滚到小路上。有时候，小路会拐过一个弯，游离了铁路四五米远，原来，在路基和小路中间，卧着几汪水塘，水塘里长着蒿草和芦苇，臭气熏天的垃圾藏在水塘中，蚊蝇也把这里当着它们的大本营，就是当地人从这里经过，也要掩住鼻子屏住呼吸。

第二次搬家，是从公园后边的街区搬到电台街，也靠近铁路边，不同的是，这回搬到了铁路的北侧，又紧挨在盐河的边上。这里的环境比先前更为恶劣，盐河里成天流动着黑色的城市污水，铁路的路基更为荒凉，小榆树像灌木一样生长在路基上。而路基下的小路，连石板都没有，雨天泥泞不堪，晴天又颠簸不已，自行车骑在上面，就像骑在搓板上。更让人难以容忍的是，这里的不少城市居民家里还饲养着牲畜，常有成群的鸡在路基上觅食，一两头猪在闲庭信步。

我上班的地方在城市的南边，每天都要从这条小路上往返数趟，并且要在西盐河边把自行车搬过铁路。这个和铁路交叉的路段，由于不是公共车道，并没有专人看守。每次从铁路上搬车经过，都要提心吊胆、小心谨慎。有无数次，我在经过的时候，火车也从某个方向鸣叫着驶来，吓得我不得不加快步伐。更有无数次，我还在路上骑行的时候，看到火车正轰鸣着从我眼前闪过。被火车隔在两边的人，大约和我一样吧，从内心里已经默认了火车的强势——它总会让人们中断骑行，也会让人们中断正常的思维——因为这里确实出过车祸。

这个路口还是一个风口，有风无风的时候，这里都有风。河边的垃圾、铁路边的垃圾，那些纸屑、塑料袋，还有不明“飞行物”，总是漫天飞舞，经常迷人双目。

我再一次搬家，还是没有逃开铁路边的宿命——这一次从城市的西边，搬到了城市的东边。或者说，从西盐河的西边，搬到了龙尾河的东边。一东一西，实际上也不过相距几公里。而所谓的东边，现在却正是城市的中心——那时候的河南庄，或者河南庄一带，还是个破旧的街区，交通尤其不便——这也是因为铁路的原因。铁路把城市一分为二，铁路北边是新浦火车站，铁路南边就是河南庄。关于河南庄的来历，其实也很简单，河南边的村庄嘛。原来和铁路平行的有一条河，20世纪50年代，河水还很深，很宽，很清澈，可以浇菜和游泳，和龙尾河相通，有运杂货的大船往返行驶。60年代，河被填平，修成了路，路的两侧建起了凌乱的平房。

河消失了，也没有“河南庄”这个街区和名称，但民间还对这一带沿用旧称。

铁路继续从我居住的楼下经过，我不论是白天坐在书桌前写作，还是夜晚躺在床上读书，我都能感觉到火车经过时的颠簸和颤抖，那颠簸和颤抖，就像行驶在海上的小船，有节奏，有韵律——与其说是颠簸，还不如说像摇篮——说不上来那种感觉，确实已经习惯了，就像我们每天见到的太阳和呼吸的空气，你能觉得这些东西多馀吗？当感受成为习惯，就变成生活的一部分了。

工作累了的时候，我会站在窗口，看龙尾河上飞架的灰色的铁路桥，还有常常从桥上驶过的火车，还可以看到并不繁忙的新浦火车站，看到空旷的月台和月台上的站牌。有客车停靠了，下车的人分为两拨，一拨从出站口出站，另一拨就穿越铁路，往河南庄方向走来，分散、淹没在那些曲曲弯弯的小巷里。

我搬来的时候，由河沿革而来的路已经有了名称：陇海东路。

奇怪的是，这也是一条“断头路”。我们可以这样论证一下，第一，既然有陇海东路，那么势必有相应的陇海路或陇海西路吧？可惜没有，找遍连云港市，我都没有找到。第二，陇海东路的西端被龙尾河切断，不是拦腰切断，因为切断的地方不在腰上——河对岸并没有相应的路，河上也没有桥相通。河边照例是肮脏不堪，河坡上生着杂草，河边散落着自建的平房，长长短短，高高低低。如果是雨季，这里常常是一片泽国——就是

穿过城市的铁路，如今只剩下这一座铁路桥了

说，连“陇海西路”的影子都没有。

我成了这里的居民，奇怪吗？不应该感到奇怪，因为那时候的城市，十之八九的地方都是这样大同小异。

到了20世纪90年代末，这里的情况发生了变化。因为铁路改道，新浦火车站消失了，而且永远消失了，新浦火车站搬到了沈圩，改成了连云港火车站——关系终于得到了理顺。而旧有的铁路，也闲置了下来。

有一天黄昏，我在闲置的铁路上纳凉，看到一个熟悉的身影在铁路上走走停停，用手里的相机拍着什么。我认出他是我市文史专家张传藻先生。我和他攀谈起来。他说来拍几张片子。他说这里即将消失，穿城而过的铁路和路基，将成为往事，这些东西，也可称做历史和文物，立此存照吧。对于他的话和他的行为，我并没有不以为然，但也没有崇敬的意思，该消失的自然会消失，而新的事物会在消失中茁壮成长起来。

时隔几年，在原来的路基上，一条步行街粉墨登场了。从龙尾河到西盐河之间几里的路基上，建起了一条不断变化着风格的街道，街边的楼房都是簇新的，店铺更是花样翻新，商品琳琅满目。

在步行街和陇海东路中间的龙尾河上，建起了一座桥。桥东边的陇海东路经过了一次大修，已经成为城市的一条主干道，宽敞整洁的水泥路两侧，栽着北京槐。“河南庄”一带低矮的平房一间不见了，代之而来的是美丽的花园小区。在原来新浦火车站的地方，更是竖起了一幢幢高层住宅。那条步行街，也终于有了恰当的名字——陇海步行街。

[链接]前进中的陇海步行街

连云港市陇海步行街，位于风景秀丽、具有神奇浪漫之都美称的海滨城市——连云港市中心商业区，是新浦区委、区政府通过招商引资四点五亿元，在废弃的陇海铁路路基上兴建起来的一条集购物、文化、餐饮、娱乐、旅游观光、商务办公、展示博览为一体的现代化商业步行街，全长一千一百七十米，由现代建筑风格的九龙世贸城、海滨建筑风格的东街、简欧建筑风格的中街、园林建筑风格的西街组成。

陇海步行街引领港城时尚，经营特色鲜明。九龙世贸城集全市高层现代商业大厦于一体，且分楼经营特色商品；东街为大众化经营；中街为精、名、特、优商品经营；西街为女人、儿童及中外餐饮经营，是展示我市和国内、国际精品的窗口，更是展示我市改革开放成果的舞台，国际国内驰名、著名商品在步行街开设专卖店、连锁店占总商户的百分之七十，最大限度地满足国内外旅游者和当地市民购物及各种消费需要，成为我市、我国商品走向世界、外国商品进入国内市场的通道和桥梁，其中正在规划筹备中的香港免税商品经营城（在西街）将为中外游客提供更加满意的服务。

陇海步行街具有良好的城市景观与生态环境。《西游记》文化气息鲜明，海滨景观优美，生态环境位于全国十佳，构成中国优秀旅游城市连云港一道靓丽的风景线。

陇海步行街自2001年开街以来，以创建“百城万店无假货示范街”为载体，致力发展和繁荣街区经济，促进“三个文明”的协调发展，先后荣获区文明经营示范街、市“百

废弃的老火车站

城万店无假货示范街”、市文明诚信经营示范街、市旅游购物一条街、市城管示范路、市城市管理年先进集体等称号；2003年又被江苏省委宣传部、文明委、省工商局等十一个部门联合授予江苏省“百城万店无假货示范街”。与此同时，在全市第一家成立了非公经济党组织，并先后获得市非公党建示范基地和市先进基层党组织等称号。

陇海步行街由连云港市人民政府组建管理委员会、新浦区人民政府组建管委会办公室，代表政府常驻街区管理，市政府发布了《陇海步行街综合管理规定》，市工商、物价、城管、公安、交巡警等职能部门分别派员进街组建综合执法大队，在管委办统一领导下，加强街区的管理。管委办下设一个广告公司、两个物管公司、一个保安大队，具体负责步行街的美化亮化、物业管理和服务，使各项管理规范，规章制度完备，安全消防达标，

沿街建筑地面整洁，全街区无烟头、纸屑等垃圾，无乱搭乱建、乱贴乱画、无卷帘门无空调外机组等，门头店字招牌、广告牌亮化率百分之九十五以上，其中霓虹灯亮化率达百分之八十五以上，楼顶有七彩玫瑰射灯，楼体有泛光灯、草坪、花坛、地灯，每当夜幕降临，全街华灯璀璨、流光溢彩，成为名副其实的“不夜城”。我市多次受到国家及省、部级领导视察，国内兄弟城市参观考察团以及海外游客、台湾海州同乡会参观好评。2003年我市在接受全国优秀旅游城市检查验收中，步行街作为必查点，经检查组明查暗访后，检查组负责人、国家旅游局副局长感慨地说，没想到苏北还有这么好的步行街，不仅建设好而且管理这么好，这个点不但不扣分而且要加分。

陇海步行街的建筑是由清华大学建筑设计院设计的，中国美术学院进行了环境设计，不仅建筑风格独特，而且三个文化广场独具魅力，其中西街的凤凰广场为苏北重点文化建设项目，一千多平方米的面积，辅以舞台、灯光、喷泉，是我市开展文化活动的主要场所之一。停车场管理规范，道路不仅完整且充分反映过去陇海铁路的历史文化，沿街绿化、移动式盆景、休闲坐椅、装饰小品等，不仅人性化，而且最大限度地体现我市文化特色，为我市市民营造了良好的休闲、娱乐、观光场所。

陇海步行街自2001年开街以来，人气逐年攀升，平时人流量达万人次，节假日达五万人次，东街到了拥挤的程度，商品零售总额每年以亿元递增，达到现在的数十亿元，成为连云港市中心商区的龙头。“要购物去陇海步行街，要休闲娱乐到陇海步行街，要买放心商品到陇海步行街”，这些话，一时成为我市市民的口头禅。步行街也成为外地来连旅客的首选目的地。中央电视台、《国际商报》、《中国关注》杂志、江苏卫视、香港凤凰卫视、《新华日报》以及本市各新闻媒体多次予以专题宣传报道。

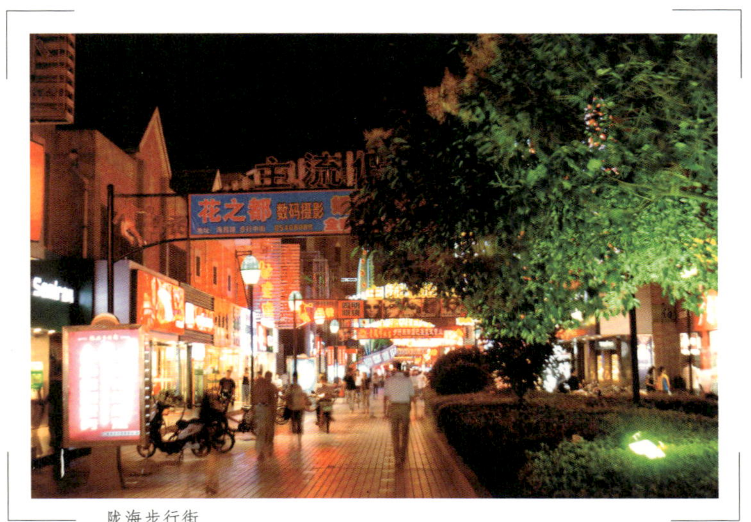

陇海步行街

三、河流的秘密

亲爱的，我永远也不会对你讲，

河流为什么这么慢慢地流淌。

这是西班牙诗人加西亚·洛尔迦的诗句。看起来平常的诗句里，却蕴藏着莫测难料的内容——河流为什么如此缓慢？是出于内心的疲惫，还是出于情感的焦虑？是逆来顺受的姿态，还是酝酿反抗的预兆？是河水昏昏欲睡顺流而下，还是河水运筹帷幄急待爆发？是无法承载污浊之重，还是幻想清流再现之美？我不知道。我相信河流也不知道，河流边的堤岸也不知道。

那么有谁知道？

连云港是一座水网密布的城市。这话听起来不大对劲，因为从来没有人说起过。

事实是，正是水托起了连云港，养育了连云港，滋润了连云港，也成就了连云港。且不说港口因水而兴，也不说历史上繁茂的盐业生产——那可是真正“水做的骨肉”啊。只说流经区域的河流，横横竖竖贯通城市的就有好几条。而城区“新浦”的来历，也和水有着不解之缘。

“浦”，《辞海》上说是“通大河的水渠”。其他辞书上的解释也有“濒也”、“水边或河流入海的地方”、“大水有小口别通曰浦”等多种。地方志书在“浦”的记载方面，也有专门的记述，《隆庆海州志》《康熙海州志》《嘉庆海州直隶州志》等书，都把“浦”列为“海州诸水”中。如《嘉庆海州直隶州志》把“温水河”也放在“浦”里，并加注“此河为小水，故次于东海诸浦之间”。

那么，志书中对“东海诸浦”又是怎么解释的呢？“浦”有四个特征，一是“上无源头”，二是“下通海潮”，三是“便鱼舟盐船”，四是经过疏浚。《嘉庆海州直隶州志》记载，“社林浦，长十五里，阔三丈，深五尺”；“西云浦，长五里，阔三丈，深七尺”；“台浦，长五里，阔三丈，岸有石墩如台”。从这些记载看，过去连云港之“浦”，实际上，就是沿海滩地上那些没有正式源头的河塘，随着季节更替，河塘里的水或深或浅，并各自独立，成为排泄的沟壑或小水系。若干年后，这些水系，经过盐民、渔民、船民的加工、疏浚、连接，成了运盐航道和渔船停泊避风之地。这些经过加工、疏浚、连接的河道，就有了一个一个上述关于“浦”的名称，如大浦、板浦等，并渐渐地，以河名替代地名。而“新浦”也是在这样的背景下出现的。

最早出现“新浦”字样的，也是《嘉庆海州直隶州志》，该志书在《甲子河记》里提到了“新浦口”。新浦口，实际上就是新浦河的入海口。

至此，我们已经明白了，原来，新浦的前身是一条河。

新浦由河名成为市镇地名，是经过了若干年的演进的。

新浦成为市镇，发展最快的，当属成为通商口岸之后，也就是20世纪初叶的那段时间，主要是通过河运和海运的商人，和附近村庄、盐民来新浦做生意的小贩，他们在新浦河沿岸填滩圈地，垒院盖房，到民国初年新浦后天宫的创建，新浦街才初具市镇的雏形。现在的民主路洋桥巷、后河底一带，还有些许一百年前的遗痕。

而穿城而过的一条条河流和河边码头呢？

西盐河和龙尾河之间，解放路以北，民主路以南，原有一条重要的河道，名曰前河。前河曾经是条非常重要的商业河道，两岸遍布码头。从前，上海、天津、青岛来的商船，经大浦河进入龙尾河，再进入前河，算是靠埠了。

和前河相对应的，就是后河，后河在如今的陇东火柴厂前边。

这两条曾经商船往来不断的河，如今已经消失了。在原有的河道上，前者改作市化路，后者西段改作后河路，东段不见踪影，河道遗址上筑起许多低矮的平房。

和前河、后河命运相似的，还有临洪河、南大河、扁担河等河流。据各种史料零星记载，新浦消失的大小河流不在十条以下，它们曾经是城市的命脉，曾经给这座新兴的城市带来繁荣，带来活力，带来财富。现代人比古人更厉害的地方，就是不把这些“浦”修通疏浚，作为泊船码头和航道，而是一条条地填埋，直接让河道变成陆地或街道。天知道，这是河流的悲哀还是人的悲哀呢？河流一条一条地消失了，城市也越来越变得呆

穿过城市的河流

板和枯涩。有时候，我会想当然地认为，如果这些河流还全部保留的话，新浦是完全称得上一座水城的，就是和苏南一些水城并驾齐驱也未可知。

近三十年来，这座曾经在水上的城市，还保留着几条重要的河流，市区有龙尾河、东盐河、西盐河、大浦河、排淡河、玉带河等，和城市若即若离的还有烧香河、蔷薇河、运盐河。这些河流并没有计较人们对它们兄弟姐妹的不公，依然静静地流动着清冽冽的河水，滋润着两岸的稼禾，养育着远近的生灵。

有幸得很，我生活和工作的地方，就紧挨着这些河流。

那流动的河水，经年累月，就像我身上的血液，存储在我的体内，存储在我的记忆里，如影相随。

一条条长堤下，一排排意杨林里，长长短短、宽宽窄窄的河流就隐藏在这里，它们是林子的一根根脉络，它们给林子送去营养，林子也给它们注入甘露。林子和河水相依相偎，融为一体。而它们流到田里，干渴的庄稼就张开了嘴巴。

我熟悉这些河流，在我生活的土地上，深深浅浅、纵横交错的河流，是我每天都要面对的。我们在这些河流里游泳，在这些河流里嬉戏。河真长啊，它们是从哪儿流来的呢？都流经了哪些地方，才流到我们家的呢？我和玩伴们会坐在河堤上，看着上游不断流来的河水，心也跟着逆流而上。

那时候还有帆船，白帆，一片片的，远看很美，近看，帆上补了许多补丁，颜色也深浅不一，历经许多风雨和沧桑。船家在船上洗衣淘米，两船相会而过时，也大声地说着什么，问一些家长里短的事。他们操一口好听的外地口音，在我听来，已经是很陌生很遥远了。我们在河边追逐白帆，听他们说笑，学着他们说话。有一次，我们捡一把黄豆秧，捉几只草婆，跟船家要火柴烧黄豆吃。一个正在船头喝酒的汉子把火柴扔给我们。我们赶快点上火，再追上船家，把火柴扔还给他。火柴没有如预料的那样飞到船上，而是落进了河里。我们惊慌地看着船家，对方却哈哈大笑着，说，上来kei一杯啊？我们只说kei架，没听说酒也能kei。于是，我们学会了kei一杯，学会了kei饭。Kei，在一段时间里，成了我们的常用语。

有白帆行走的河，就是蔷薇河。

从乡村来到城市，我依然没有离开蔷薇河。初来城市的年代，我们经常到蔷薇河边散步，我想着，这河，是从我家乡流来的，或者，曾流经我的家乡。我曾在这条河里欢闹，曾在这条河里捞鱼摸虾，曾在这条河里追逐嬉戏。但是，我也知道，在下游很近的地方，就是入海口，河水不管流过什么时代，流经什么地方，它都会在这时候完成一段使命，而紧接着去完成另一段使命。

大浦污水处理厂

当一干“文青”谈着沈从文，谈着郁达夫，谈着萧红的时候，我对他们充满敬意。我突然有一个不恰当的比方：大师们的作品很像这些河流，从很远的地方流来，流过无尽的光阴，流过深藏的记忆，浇灌着河两岸的庄稼，也浇灌着一代代人的思想。

那么，我对这条河也充满敬意。

如今，我还常到河边散步。河岸有茂盛的水草，河里倒映着意杨高大的影子，有野鸭和水鸟在河里自由地嬉戏……其时正是黄昏，河水泛着淡金色。多么亲切的景色，我仿佛又回到童年，想起河岸边烧黄豆的青烟，想起那一盒火柴，想起童年的梦。

至少有六七年时间，我每天数次行走在一条河边，确切地说，是同河平行的一条路上，这段路有两千米，或者更长，河边成片地种上绿油油的观赏草和一棵棵高大的绿化树。河沿的栏杆是大理石的，紧挨大理石栏杆是一棵棵随风飘荡的垂柳。我在河边行走，柔软如丝的垂柳不时地轻拂着我，跟我亲切地打着招呼，仿佛让我关注它的四时变化。河水已经被护河的块石挡在了河槽里，似乎受到了某种约束，它是否快乐，是否愤怒，是否安于现状，我不得而知——探究这点，显然有些愚笨，但又不由得你不去探究。事实上，对于我们身边的河流，一般情况下，我们是忽略它的，一是忽略它的存在，比如河名，它重要吗？二是它的作用，灌溉？泄洪？行舟？都不是，那么它也就可有可无。通常是，河，河水，河边，河对岸，这是人们对河的基本定义和基本概念，也可以说是一种态度吧。

但河流就是河流，它的存在，就像一个磁场。

河水不是很好，不能说清澈见底，但也不是污流浊水，河边的岸石上有绿色的青苔，石缝里挤出葱翠的杂草，水里也有微生物。水面如镜，可以倒映两岸的景色。河面上偶尔会有一些漂浮的杂物——不要紧，那条小船划来了，船上两人，船头站立者是个头扎红色方巾的矮个子女人，她的年龄是个谜，因为你无法看清她的面目——方巾把她的脸遮住了一大半，她的注意力过于集中在水面上，集中在那些漂浮的杂物上。她手里有一只长柄的漏勺，小船驶过时，她的漏勺左边一舀右边一舀，那些漂浮物就老实地待在她的漏勺里了。小船中间的船舱里，堆着她捞上来的杂物。船艄呢，是一个划船的男人，他脸色黝黑，也是不高的身材，两条胳膊短而粗壮，划船很有力量，也很灵活，能准确地把小船划到漂浮的垃圾附近。与清理垃圾的小船相映成趣的，是一些捞鱼虫的人，他们手里也有一个漏勺，他们身边小塑料桶的清水里，是精心捞上来的鱼虫，这些小小的水中生灵，不久后就成为金鱼们的饵食了。

有他们在，河水不愁清澈不起来。

我突然想起数年前，同样是这条河，也同样是这条路，行走在河边路上，常常是要掩住鼻子的——对于那些敏感的年轻女孩，你不能苛责她们的娇气，河水的确太臭了，你用什么样的形容词都可以。河水是黑色的，有时候是绿色的，那是因为河水发酵了。河面上的垃圾，乱七八糟，五花八门，油污、菜帮、西瓜皮、死老鼠、破皮鞋、避孕套、草席和棉胎，这些垃圾不像是漂在水面上的，而像是堆积在水上，沉不下去。水里汩汩地冒着气泡，那些臭味就是通过气泡融进空气里来的。两边的河墙上，有无数个洞口，那些像马蜂窝一样的洞口，仿佛和这条河结下深仇大恨一样，一股脑儿地向河里吐着脏水；又仿佛相互攀比着各自的能耐，各个洞口吐出的脏水也不尽相同，有的是白色的，有的是黑色的，有的是黄色的，有的是绿色的，还有的根本说不清是什么颜色，腾起一团一团白色的雾气。

这是河流吗？恐怕只能担一个河流的名声吧。

这样的河流会刺疼你的眼睛，也会刺疼你的心灵。事实上，河流自己的眼睛已经被无情地刺疼了，河流的心灵同样在接受着痛苦的煎熬。

流传在岸边有一个段子，说一个年轻的女子，因为什么解不开的心结而轻生，她选择投河来结束生命，让流水带走她的身体也带走她的灵魂，让流水把她带进浩瀚的大海。但是当她在河边徘徊的时候，她犹豫了，不是她不想死，是恶臭的河水太让她恶心，她干净的身体不想被这样的河水玷污。一个行将结束生命的人，一个对生活绝望的人，尚且如此，何况与河水朝夕与共的两岸居民呢。不过，河流，在挽救生命这个意义上，算是做出了杰出的贡献。

我很抱歉，叙述了这样一条河流。如果这条河流有性情、有心灵、有思想的话，我不知道它会怎么想，它会用什么样的眼光来审察、看待人类。它能承受得了人类这样无休止的折磨吗？

终于，河流暴怒了，那不过是它正常的生理反应，两岸居民就此遇上了几乎是灭顶的灾难——那年的洪水没有一点迹象，一夜间就漫过了街道，漫进了人家的客厅。当人们想起河流的时候，想起河床应该带走街道上没膝深的积水的时候，人们已经分不清河道还是街道了，整个城市一片汪洋。当泛滥的河水终于退去，留在人家的院子、厨房、客厅里的，是木屑、塑料袋和莫名其妙的垃圾。一些经历过五十年前河水泛滥的老人，不无苦涩地说，那时候，河水退去，留在堂屋里的，是一条条大鲤鱼、大鲢鱼，至少还有几条“小麦娘”，可以饱餐一顿。现在呢，留下的是什么？

也许只有在这样的时候，才能唤起人们的警觉吧。也许只有在这样的时候，才能唤起人们对于河水的思考。

河流没有秘密。河流的秘密就是人类自己的秘密。

好在我们终于看到了浊流变清的时候。

2005年4月26日投入运行的大浦污水处理二期工程，污水处理能力达到每日十万吨二级处理。建成苍梧绿园、人民公园、海宁中路等九座污水提升泵站（另有三座在建），城区污水管网达到八十多公里，绝大部分新海城区城市污水进入大浦污水处理厂，污水处理率达到百分之八十五。

在河边散步的人有福了，那清澈的河水，绝对配得上河岸的青青绿地和成行的岸柳；那清清的河水，也让散步、打拳的老人们仿佛年轻了数十岁。如果适逢节假日，河墙上灯光齐放，河水更是五彩缤纷、光怪陆离，河流里仿佛藏着无数神秘的精灵，装扮着节日变幻莫测的气氛。

当晨风吹过，或夕阳唱晚，河边晨练的人们啊，你可听到河里响起的蛙鸣？

四、公共汽车咏叹调

如果说，城市的建筑——比如高大的楼房、别致的桥梁、清澈的河流、花园式宽阔的街道等等，是这个城市固有风景的话，那么，公共汽车就是飘移的景观，它们穿梭于城市的马路、街区，或姿态从容，或神情迫切——其实就是这座城市的姿态和神情。而车况和乘客的文明程度，也基本上代表了这个城市的精神面貌。不是有人这样说过，到一个城市去，不管你对这个城市有无了解，只要通过公共汽车的咏叹，就能大致衡量出这座城市的斤两来。此话很对我的胃口，事实上，就我个人所经历的连云港公共汽车的历史，所体现出的恰恰就是这座城市的变迁史和发展史。

那么，口说无凭，还是请朋友们跟我一起，去乘坐并感受一下我们的公共汽车吧。

第一次来连云港，还是1981年。我那时候在东海县《革命烈士英名录》编写办公室帮助工作，主要是对革命战争年代的失踪人员进行调查。这年的冬天，因为对东海早期做地下工作的失踪人员的材料进行核查，我只身一人来到新浦，拜访革命老人郇华明先生。郇老当时住在海州师范旁边一个种满花草的小院里，右边靠着海州师范的院墙，左边和前边都是农田。白天我在他家采访，听他回忆革命战争年代那些失踪战友的故事，晚上回新浦的交通旅社，把郇老的故事整理成简明扼要的材料，第二天再请他核实签字。

我那时对于市区新浦的印象真的不好，除了城市破败以外，公共汽车尤其给我留下很坏的印象。

我从新浦到海州，要坐公交车，有3路车和1路车（后来才知道，这座城市一共才有三条公交线路，另一条是从新浦开往猴嘴的2路），前者到磷矿，是双节“大长龙”式的；后者到西门，要走电厂门口那条路，不方便我乘坐。

我所住的交通旅行社处在解放路和通灌路的十字路口上，东边是一家印刷厂，好像叫黄海印刷厂，北边是市一招，斜对面就是新浦汽车站。当时的交通旅社据说是连云港第三好的旅社，但也只是三层老旧而呆板的楼房，门面破破烂烂的，门背阴向北，一进临街的门，好像是传达室兼登记处，有一架带着号码的转盘式电话。除了那架灰色的电话机让我感到新鲜以外，别的诸如陈设、用具等都很陈旧。当时的房价，是三块钱一宿，四人一间的那种，没有卫生间，没有热水，床单上、枕头上、茶杯上、一张三屉桌和一把椅子上都印着“交通旅社”的红字，枕巾和被头上有黄色的灰垢。住下后，每人发一个暖壶，两只盆（一个洗脸一个洗脚），上面也印着“交通旅社”。

在交通旅社的斜对面，就是市一招的南墙，3路车站的“一招”站就在墙头外。不管什么时候，我都看到“一招”站上挤满了候车的人群。3路车来了以后，人群就开始骚动，车还没停稳，便互相推搡着往前拥，吵嚷声和谩骂声总是很大很激烈，因为上车的人已经把车门堵死，而且没等车上的乘客下车，下边的人已经像潮水一样涌上来了，那股力量非常的巨大，下车的往往等上车的人全部上来了，才能再拼尽全部力气，从我们的身边、腋下挤下车去，挤破了衣服或挤掉了鞋子是常有的事。

在新浦的几天，我就多次夹裹在上下车的人群里。

我拎着一只人造革黑色提包，包里只有一支圆珠笔和笔记本，加上我年少体壮，因此，挤起车来，也不落下风。

在数次挤车中，我经历两件事，记忆深刻，一次是被人臭骂了一顿，一次是遭遇了扒手。

先说第一件。那天下着小雨，上车人仿佛也比往天更多，加上手里都有雨具，行动极为不便。但我没有雨具，挤车应该比别人溜滑一些。

3路车从交通旅社那儿一露头，我们就往马路上拥。一条胖胖的胳膊捣一下我的肚子，一个胖女人恶狠狠地说，挤什么挤，乡下人！

真是奇怪，她怎么知道我是乡下人呢？

也活该我倒霉，上车时，和我一起挤车的，又是那个胖妇人，我们两人同时踏上车门时，被双双卡住了，谁也进不去。我想退下来，可身后的人死死地顶着我，想上一步，也比登天还难。胖妇人大声嚷道，挤什么啊你……挤死我了！

我一急，带把劲，就上来了。她手里的饭盒被别人挤掉到地上。这回更加激怒她了，破口大骂，是那种典型的新浦街街骂，既刁钻，又恶毒，把所有的愤怒都发泄到我身上。我抱着人造革包，真的怕她，她离我是那么的近，她的嘴就堵在我的下巴下，唾沫星像窗外的小雨一样喷到我的脸上。那一年我十八岁，刚参加工作，又是第一次出门远行，遇到这样一位，我是胆怯了。我想帮她捡饭盒，但我没有办法弯下腰去——人互相挤拥着，仿佛被抬了起来。

她晃动着庞大的身躯，好不容易蹲下去捡起了饭盒。饭盒被踩扁了，变了形，大米饭挤出来弄脏了。这回她更有理由骂我了，那骂声里，还夹杂着悲愤的叙述，大意是，她的午饭被我毁了，那可是她精心准备的午饭啊，“没有午饭，中午吃什么？吃屎啊！”她情急之下，说出了“吃屎”这样的话，随即引起满车人的哄笑。

隔着好多人传来另一个女人的声音，好像喊她什么张班长也不知是臧班长，她说她午饭带多了，可以跟她一起吃。胖女人这才没有继续骂我。

另一次遭遇小偷也很不一般——车上照例是人挤人。我感到我身后的那个人挤我特别厉害，想回头看对方一眼，一搭眼，却看到我肩上有一张报纸，报纸下边是一只手，那只手已经伸过来了，正在解我的上衣口袋。我穿一件草绿色旧军装，上衣的口袋里装一只钱包，我这次出差的所有钱和粮票——也就是几十块钱和十几斤全国通用粮票，就在这个口袋里，另外还有更重要的单位介绍信。我心慌意乱，赶快伸出手，按住了我的上衣口袋，把钱包紧紧地按住。那只手已经解开口袋上的纽扣了，已经捏住了我的钱包了，好像也有往上提拽的感觉。但是我的力气更大，我死死地按住我的钱包。小偷试了几次，没有成功，就放弃了。

这是一趟从磷矿开回新浦的车。车到百货大楼那里，下去了很多人。车上人稀松了一些，也可以调开身子了。这时候，我听到一个女人说："刚才下去那三个……"

另一个人打断道："别说了！"

那个女人看我一眼，说："你怎么不喊？你知道他在掏你口袋。"

其实我当时很害怕，我不是不喊，我是忘了。我嗫嚅着，看着满车的城里人，脸上火突突的什么也没说。

"真是乡下人！"那个女人恨铁不成钢地挖我一眼。

这两次遭遇，更加让我对这个城市没有好印象。又由于都是发生在拥挤的公交车上，就把这种坏印象迁怒于公共汽车了。

我父亲那时候是一家乡镇供销社采购员，主要负责采购大宗的化肥和农药，全国各地都跑遍了，经常会带些地图回家，有上海市城市公交图、广州市城市公交图、武汉市城市公交图、北京市城市公交图、天津市城市公交图，也有中小城市的城市公交图，比如苏州、兰州、包头、张家口等。我小时候特别迷恋地图，会拿着这些地图好奇地一看大半天。地图上的那些建筑、街道、色块，对我来说都十分的神秘，我知道什么颜色的色块是公园，什么颜色的线是公交线，什么标志是火车站，什么标志是汽车站，什么标志是医院。我还发现，北京市的街道都是直的，上海市的街道都是弯的，天津市的街道是斜的；更让我感到有意思的是，北京市的街道都叫街，比如东长安街、王府井大街、东直门内大街、阜成门外大街等等；而上海的街道不叫街，叫路，而且都是以外地的地名取名，比如南京路、北京路、四川路、成都路、江苏路等等；天津的街道又都叫道，山西道、成都道、贵州道等等。我在北京地图上找了半天，也没有找到上海街。我小时候的疑问很多，这也是我经常请教父亲的一个大问题。父亲也对为什么上海有北京路而北京没有上海街感到头疼。另一个让我感兴趣的，就是各地城市公交车的次数。这个倒是让我看出诀窍来了，北京和上海的公交车次数最多，号码都很大，北京有908路公交车，上海也有879路公交车，而南京只有307路，兰州更小，只有23路，当时都是该市最大的数，而北京还有无轨电车。由此我得出结论，城市越大，公交车越多。

80年代初，我在连云港市看到的公交车，只有1路、2路和3路，当时我的感觉不是失望，而是愤怒，这叫什么城市啊，怎么只有三条公交路线啊！只有三路公交线的城市也叫城市？

那时的2路车，也是大长龙，我“荣幸”坐过一次——就在我的调查工作临近结束的时候，那天恰好是星期六，要准备回东海，也是鬼使神差，我给分管我的领导打一个电话，说调查结束了，准备回去。我的领导姓李，也是一个老革命，他对我说，你这几天辛苦了，明天就是星期天，不着急回来，在市里玩玩吧，那儿有花果山，你可以去爬爬，看看水帘洞和孙悟空。

老领导的话让我很感激，我决定多过一宿，今天逛逛市区，第二天到花果山玩玩。

我玩了一天以后，晚上向交通旅社的服务员打听去花果山怎么走。他们回答很模糊，有个上了岁数的老大妈含糊其词地说，你坐2路车试试。

我相信了她的话，经指点，到陇海饭店门口坐上了2路车。

这更是一趟搞笑的旅程，同时也让我对连云港的公交系统感到深深的绝望。

相比1路和3路，2路公交车确实太宽松了，一个人都能占好几个位置。这是我在连云港出差五天来第一次乘坐有座位的公交车，虽然还是那样的破，毕竟有坐位坐了。

售票员到我跟前让我买票，我说到花果山。售票员像是没听懂似的，大声说：“什么？”我又重复一遍。售票员像钢铁一样冷峻的脸上突然出现一丝鄙视的微笑，她什么话也没说，收下我的两毛钱，撕下一张票给我。

一路上，我都在问，花果山到了吗？

售票员都爱理不理地说：“没有。”

但是，我越来越感到不对劲了，因为我看到公交车已经驶进了乡间，在公路两边，是大片大片的稻田。这哪里是去花果山啊，分明是去乡村嘛。我怕是坐错了车，就问售票员这是哪里。售票员很不耐烦地说：“马上到站了。”

确实，汽车驶进一个小镇，停在路边。

“下车啦下车啦，都下，终点站！”售票员像赶鸭子一样把我们赶下来。

我下车时，听售票员跟驾驶员嘻嘻哈哈地说着什么，其中有一句说：“还花果山？哪里拾当来的，给你看看猴嘴就不孬了。”

我不明白她说的是什么意思。

我在镇上惶恐不安地走着。我已经知道这不是花果山了。我上错了车。我成了别人的笑料。我脚下是一条破烂的柏油路街道。路边是平房和两三层灰色的水泥楼，一些临街的小店铺里冷冷清清的。我想找到一个标志，来认清这是什么地方。我四下里打量着，除了一些简易的店名，我没有发现对我有所帮助的文字。我问一位面相看起来比较和善的老人："这是哪里啊老师傅？"

老师傅的回答也怪："你要到哪里啊？"

"我想去花果山。"

接下去的回答更怪："花果山？花果山哪个村？"

明明是一个著名的风景名胜，他却问我去哪个村。我感觉今天从一开始就是错误的，而且现在还在往更大的错误里发展。

我说："《西游记》，《西游记》懂吗？那里的花果山啊。"

老人有些自豪地说："我侄子的小舅子的弟弟是花果山乡副乡长。"

这哪跟哪啊，我有些哭笑不得。我不敢再打听什么了。我怕在更多的人面前出丑。

后来我当然没去成花果山了。我弄清了我所在的位置叫猴嘴。猴嘴是市区2路车的终点站，是当时云台区区政府的所在地。我在临近中午时，搭上了2路车，扎扎哗哗地返回到市区了。

时隔二十多年了，回想起那时候乘坐公交车的经历，其情其景还历历在目。

经过这些年的发展，连云港的公交系统已经相对完善了，公交线路也更为合理，可以用"四通八达"来形容，车容车貌大为改观，还开通了夜班车和无人售票车，市民出行十分方便。可惜某些往返重点景区的公交车还不能令人满意，车小人多，车况也差。但有一点让人欣慰的是，售票员都能用普通话报站了。

市景

五、五彩的街道

2008年5月2日，苍梧路上，环卫工人邱平林正在扫路时，被身后一辆飞速骑行的自行车撞倒，猝不及防中，扫帚柄戳到了她的面部，伤及口腔。邱平林遂被急救车送往医院治疗，医生的诊断结论是“上唇缺损，牙龈撕裂”，医护人员立即对她的伤口进行缝合。

住院期间，只能靠流食与药水摄取营养的邱林平，还是念念不忘她负责保洁的路段。第八天，面对看望她的晚报记者刘兆亮时，她很费力地说：“伤成这样，谁去扫路啊？”陪护她的女儿告诉记者，说母亲工作习惯了，干了十几年保洁员，路是越扫越宽了，越扫越整洁了，越扫越开心了，平时就常叨念着路上的事，这回要好多天不上路，不把她急死啦！记者告诉她，单位会安排人顶她的。她还是不放心：“就怕没我扫得好……”

面对这样淳朴可爱、认真负责的保洁员，在场的人都有些感动。

这些年，城区的路靓了，确实离不开保洁员的一份辛劳，他们的黄背心和花圃隔离带、街边绿化地里的鲜艳一起，构成了街道的彩色景观。

其实，一直以来，连云港的街道保洁，都和美化、亮化一样同步实施，城市景观才这样丰富多彩。“白天美起来，夜间亮起来”，一直是主管部门的工作思路。特别是近五年来，他们采用政策引导、行政协调、市场运作、目标推进的方式，以美化市容市貌、扮靓城区夜景为出发点，创新美化亮化工作思路，不断优化美化亮化档次，让城市更加充满活力，具有时代特色的港城新形象逐步显现。

据主管部门的领导介绍，在亮化方面，他们坚持高起点、高品位，结合山、海、港、城相依相融的城市布局，采取以路灯亮化为基础，楼体、广场亮化为主体，标志性地段亮化为点缀，对城区主干道、主要广场及窗口地段、标志性建筑物的夜景亮化和灯饰小品亮化进行统一设计，确保重点亮化项目达到和接近国内先进水平。五年来，共投入两亿多元完成一千零八十六项近千万平方米的城区夜景亮化设施建设，初步建成了以路灯为连线，以西大堤、开发区入口广场、苍梧绿园、商银双厦、云台宾馆、祥源国际大厦、行政中心、宋跳立交桥等亮化精品为点片的以链串珠的城区夜景亮化格局，达到了点、线、面结合的总体亮化效果，做到点有特色、线有气势、面有体量，提升了城市形象和城市品位。

在美化方面，加大对违章搭建的拆除力度，对广告牌进行规范整治，对墙体进行修补、冲洗或粉饰。要求各责任单位在具体实施中坚持质量标准，精心规划设计。五年来共完成七百零九项八十五万多平方米主干道两侧破旧楼体的粉饰和一万多米长破旧围墙的改造，拆除违法建筑三十九万平方米。对主次道路两侧墙体上的“三乱”小广告实施了粉刷覆盖，对五千六百多个“三乱”小广告行为人的通信工具实施了单项停机处罚，乱涂乱画行为得到有效遏制。户外广告整治完好率达到百分之九十，大型户外广告设施亮化率达到百分之九十五。同时对重点窗口地段、重点景观地段和城市主次干道两侧的多层住宅实施“平改坡”，五年来共实施 “平改坡”改造三万多平方米，不仅改善住宅性能，还改善了城市第五立面景观效果。

在市政道路改进方面，按照“强化重点，加快连接，贯通一环，建成二环，启动三环，畅通城区出入口，连接高速大外环”的建设规划，近五年，共完成投资二十九亿元，围绕加快东西城区链接、新海地区与东部城区一、二环路网建设、园区基础路网建设，新建改建港城大道、东方大道、花果山大道、黄海大道、海宁大道、海连东路、盐河南路、郁州路、人民路、新建东路、通灌路、中山路、栖霞路、海滨大道等一百四十七条城市主次干道和园区道路，工程质量全部达到优良。其中海连路、盐河路、海滨大道、凌州广场、港城大道等十一条主干道路被评为省优工程。城市道路总长度达到八百零七点零六公里，总面积达到九百八十点一万平方米，人均道路面积从2003年的十一点七六平方米提高到十四平方米。形成了外部成环、内部成网的城市交通网络，东西城区连接更加畅通，市民出行更加方便，不仅改善了城市交通状况，构筑了大城市的发展框架，而且带动了城区土地的增值，提升了整个城市的价值。

人行道

新城

外国游人

在城市保洁方面，对城区主次干道、人行道、市政设施、建筑物、构筑物、绿化带、街巷居民区、户外广告、门牌字号、夜景亮化、车辆清洗点、停车场点、马路市场、渣土清运等涉及城市管理方面的工作进行规划、组织、协调、指导、监督、检查及落实综合管理、行使行政处罚权。

仅举东部城区为例。

十多年来，东部城区连云区城市管理工作，从“摸着石头过河”开始起步，经历了“从无到有”、“由简入繁”、“去粗取精”、“超常发展”的过程。

目前，东部城区管理体系完善，各街道办事处均有专门领导分管城管，驻区市属以上大企业（如港务局、碱厂）均设有卫生环保处或行政科，专门负责涉及市容环境卫生管理事项，其他单位亦设立专兼职市容环卫保洁管理人员，在东部城区形成了自上而下、全面覆盖、专兼结合的城市管理工作网络。城管工作职责也由成立初期单独行使市容和环卫管理职能，全面迈入综合行使城市容貌管理、建设工地管理、环境保洁管理、垃圾处理、环卫监察、市政管理、绿化管理、规划管理等多个方面。

东部城区负责主次干道（四十七条）、人行道、绿化隔离带、城郊结合部等共计四百三十万平方米面积的清扫保洁，负责三百九十六处垃圾点、八百四十八个垃圾收集桶的收集清运，负责二百六十四座厕所的清淘管理。他们对全区主次干道、绿化带、人行道清扫实行“一把扫帚扫到底”的管理方式，全面落实“精细化作业”，消除了以往市政、绿化、建设、乡街道部门交叉、各自为政、责任难明、相互扯皮的弊端，解决了环卫工作难以一包到底的问题。保洁标准平面上要达到“四净五无”、路见本色。立面上要对沿街休闲座椅（包括环卫设施垃圾桶、果皮箱等）每日抹洗，同时对主次干道沿线的垃圾桶实行每日抹洗，并形成制度化，有效改善了“环卫设施不环卫”的现象，对行道树、漂浮物、构筑物上张贴广告也同步清理。全面推行班组承包作业、“两扫一保”到位，重点部位窗口地段落实十六小时保洁，强化“定人员、定路段、定标准、定责任”的“四定”管理，配备封闭式三轮保洁车，确保清扫工作到位，实现了两个管理无盲区，即“道路机械清扫和人工保洁配合无盲区”、“支巷延伸保洁与干道清扫无盲区”。

东部城区积极协调、加大投入，三年来累计完成五十四项重点楼体亮化工作，完成八十七家重点单位楼体改造，完成了大港路二十一座景观墙改造、七点七万平方米人行道板铺装；完成中山东路改造，四点九万平方米人行道板铺装；完成中山西路景观改造，两万平方米人行道板铺装；完成城区九点四万平方米沿街陈旧墙体刷新；配合市区建设系统完成“在海一方”公园广场亮化，安装各类灯具四千馀盏，亮化面积达七万多平方米，促进社会总投入近亿元，形成全市亮点。

城市街景

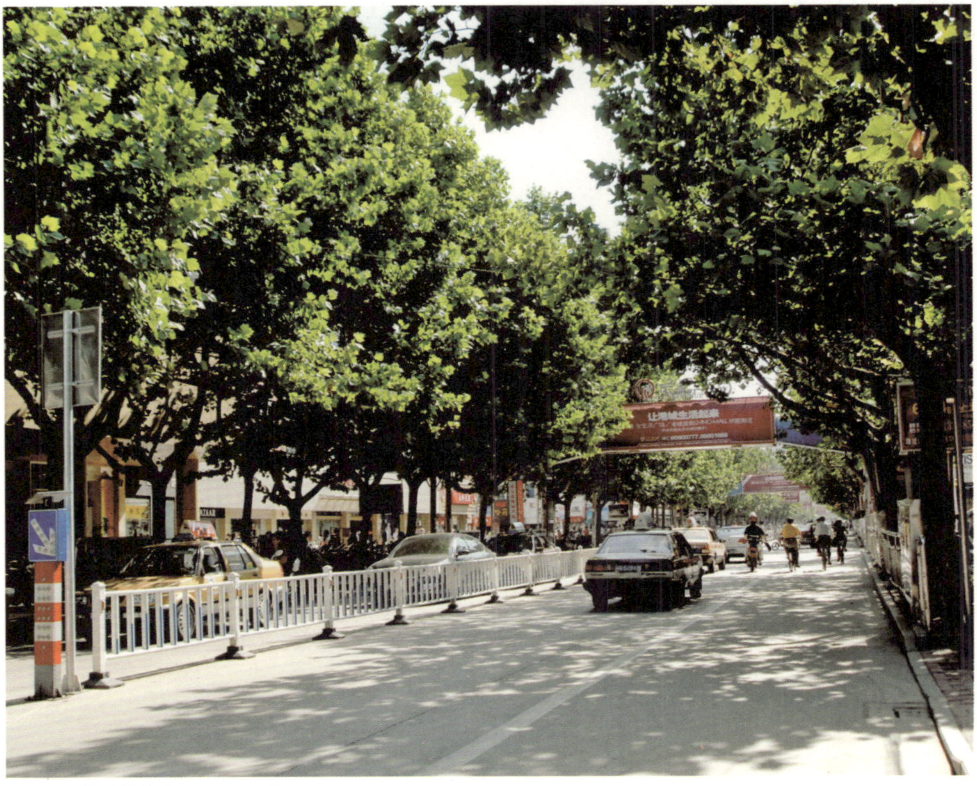

整洁的街道

云台宾馆夜景

城市立交俯瞰

第十章
民生连着你我他

吃、穿、用、行是老百姓日常的生活状态。

吃能吃成胖子，能吃成瘦子，能吃出健康，也能吃出毛病。吃的学问高超而玄妙，它不在乎吃什么，而在乎怎么吃。可食之物无数，天上飞的，水中游的，地里长的。烹饪之法也多样，蒸、炖、烹、煮、熬、炒、炸、炝等。亦可任意搭配，如某物与某物相配为佳，某物与某物反忌相克等，真是学问多多。

穿也同样变化多端，各种流行千差万别，年年都有新款式，季季都有新色彩，今年是这个流行，明年又是那个当家，潮流是赶不完的。但也有别出心裁者，我行我素，以不变应万变，玩的是心态，比的是素养。

至于行，那就更是各显神通各具特色了。开私家车的自有他的考究和豪华，骑摩托车的也有他的方便和实惠，骑自行车的享受的是经济和简用，而长年步行者，自有他的理念和哲学。

总之，时间的流走，带动的是城市螺旋式向上的发展，是人们从身体到内心的日益康健。城市的陆离和声色，暧昧和清朗，自有它的合理和存在。十年，二十年，三十年，如果改革开放的脚步以十年计的话，似乎跨度太大，无从表述一个人的情感变化和生活变化，事实上，细微的变化无处不在，它浸透在每个人的简历中和细节中——

一、阿玉的衣柜

我多年前就认识阿玉了。作为一个女人，她最大的兴趣和时间都花在穿衣打扮上，这一点我能理解。

阿玉的工作是在某大公司做宣传，主要就是接待媒体记者，也兼公司的播音员，同时又是网管。我时常佩服她公司老板的精明，用一个人干三个人的工作。我也很佩服阿玉的能干，一个人能把这三份工作做好，可不是容易的事。要知道，经常有人连一份工作都做不好呢。

认识阿玉，还是我做编辑、记者的时候，有一次到她公司采访，接待我的就是阿玉。这是我第一次见到阿玉，她给我的印象，就是穿衣打扮很注重搭配，色彩啊，款式啊，到一点点小装饰，都恰到好处，仿佛专为她量身定做似的。

我说明我的来意后，以为她会跟我侃侃而谈，跟我介绍公司的概况啊、经营啊、企业文化啊什么的，没想到她直接就给我一篇稿子。她是打发我吗？我想。接过稿子，用不太信任的态度扫一眼，没想到越看越有滋味，她好像早就知道我要来似的，把我想要的内容全部写进去了，而且文采很好，直接就可以编发。

我对她刮目相看起来，只好跟她聊一些别的。

她对服装很有兴致，盯着我一件新买的夹克衫看，说，挺不错啊，你这件夹克。

小区新貌

我说还行吧，转了好几家店哩。

只知道女人喜欢逛街，没想到男人也有这一好——看出来你对服装很讲究啊。

其实我对服装一点也不讲究，衣服都是随便穿穿的，只有到买衣服的时候了，才急猴猴地上街淘一件。可叫女人一夸奖，心头多少还是有些得意的，便有些夸大其词地吹嘘起来。我说也不是讲究，主要是我编的一个服装版面，这些年编下来，多少有些心得罢了。

啊，你们晚报的“靓装衣柜”就是你编的啊？她惊讶地说。

我说是。

你叫而心？

那是我别名。

你是专家哎！

专家谈不上，了解一点点吧。我说。我知道，这时候我越谦虚，越能引起她的关注。

真是太好了陈老师，老总正让我设计我们公司的工作服呢，你看看我设计的这几种。阿玉从沙发上站起来，示意我到她的电脑上看，提提意见啊。

我跟着她来到她的办公桌前。她打开电脑，调出了好几组服饰效果图。我虽然对自己的穿衣打扮不太讲究，但由于做了多年“靓装衣柜”的编辑，多少对款式、色彩之类的有些感觉。我根据我的个人爱好，确认了男女款的夏、冬装。阿玉惊喜地说，陈老师你还真是专家啊，我也是喜欢这种款式的，有你这一支持，我放心了。

那天由于聊得高兴，阿玉请我去喝了咖啡。

在咖啡店里，轻柔的音乐飘荡在耳边，说话就渐渐随意起来。也许是服装这个话题拉近了我们彼此的距离吧，我们的谈话也就一直没离开服饰，同时还把这一家常的话题上升到美学的高度，和我们时代的变迁挂上了钩。阿玉显然对这方面有过专门的研究，说起来头头是道，从国外说到国内，从古代说到近代，而且认为服饰的演变过程和人们的思想观念有着密不可分的关系。但是阿玉同时也认为，穿得贵，不一定穿出品位；穿得好，不一定穿出魅力；不懂得服饰文化，就是不懂生活。服饰文化可以帮助人对于生活的感受和领悟。说到最后，阿玉也放开了，讲了许多她童年和少年时代许多关于服装的故事。

阿玉小时候生活在一个相对封闭的乡村集镇上，父母都是供销社的营业员，家里还有三个姐姐，她排老四，家里人都喊她小四。阿玉生活的童年、少年时代，正是70年代末和80年代初，生活还不富足，就从穿衣来说吧，还是“新三年，旧三年，缝缝补补又三年”，还是“老大新，老二旧，老三破”这样的时代。阿玉排行老四，想想轮到她这里，衣服是破旧成什么样子吧。阿玉上小学那几年，没穿过一次新衣服，不是二姐穿小了给她的，就是捡三姐的旧衣服。五年级那年，母亲把大姐穿小的一件花衬衫给她，让她高兴了好多天，暑假开学后，都到秋凉了，还舍不得脱。但是，阿玉显然是个爱美的女孩子，即便是捡姐姐们的旧衣服，她也要洗得干干净净，补得妥妥帖帖，甚至把补丁也补出点花样来，然后再琢磨着怎么搭配。那些不起眼的旧衫旧裤，让她穿在身上，品质立即就不一般起来，让姐姐们好不嫉妒。

长大以后，特别是参加工作领了第一桶金，她第一件事就是逛街，疯狂地把一个月的工资全部买了衣服。

如今的阿玉，家里有好几个衣柜。

阿玉的衣柜并不是秘不示人，她不但对女士开放，连我这个男人也不避讳，常常跟我夸耀她新淘的衣服。有那么一阵，我显然成了她的衣装顾问。我的手机常常收到阿玉发来的短信，都是让我到某某店，看看某款的衣服，听听我的“高见”。她交的朋友，也大都是服装店的老板或对衣装迷恋的“衣奴”。

说到“衣奴”这个词，我还得罪了她和她的朋友们。其实我也并无恶意，我只是觉得，一个人如果工作舒心，生活愉快，并不一定要在穿衣上花多少心思，买衣服多了，过剩了，弄不好要成衣奴的。我还专门为此写了一篇小文章，发表在我的版面上。我的观点立即遭到她的反驳，说你说的才不对呢，如果工作舒心，生活快乐，那一定和穿着有关。反过来说，即使是和穿着无关，如果在这个基础上，再扮靓自己，不是更好吗？再说了，扮靓自己，别人看着也舒心，还能美化环境创造和谐社会呢。再说了，衣服怎么能过剩呢？什么叫过剩？穿不完可以送人嘛。哈哈，你知道吗？我大姐、二姐、三姐，她们都捡我衣服穿了。小时候我捡她们衣服，现在，我让她们捡我的衣服！

阿玉说得特自豪。

有一次，她穿一条新裙子，很素雅的那种。我说这款式和颜色很适合你的，不过和前几天的那件，是不是有些重复啦？她听了我的话，笑了，说你还真细心。不过那天的那件送给我三姐了。本来我是舍不得的，可她也看好了，我就送她了。我看三姐穿得好看，我又买了一件。

也许是好衣服真的多了，也许是我的话起了一点作用了，那天她召集了几个好姐妹，说要搞一个衣柜交流展，我作为媒体的记者，也在邀请之列，并且作为顾问，还要给她们上一课。

交流展就在她家。

原来，所谓的衣柜交流展，不过是她的几个好朋友，每人把不穿的衣服拿出来，互相交换而已。

那天来了四个人，连阿玉一共五个美女，她们都带来了不少的衣服，春夏秋冬的都有，花花绿绿奇形怪状，算是让我大开了眼界。衣服当然都是大半新的了，有的只穿过一次，有的甚至买回家就压在了箱底，各人都拣好的拿，好像是比试软实力似的，也或许呢，只是为尝个新鲜吧，不过我却觉得，她们各自展现的服饰，都是最适合她们自己的，好像自己留着穿更恰当。

交流当然是成功的了，她们相互都从对方的服饰里挑选了中意的。那天的易手率达百分之百，就是说，每个人带去的衣服都被别人选走。哈哈，可以说是皆大欢喜。看着她们各人美滋滋的灿烂的笑容，幸福的日子还能是什么样的呢？

她们这样的服饰交流展后来又举行了几次，范围有所扩大，最多的一次，居然有十个人参加，而且，不仅局限于服装、围巾、帽子，还有各种包包等女性用品。我通过有限的几次活动，发现她们交流的目的不仅仅是衣服，还是一种形式，一种心境，一种文化，也可以说，是生活的一部分。

不久之后，我收到阿玉的一篇文章，题目叫“服饰美学中的情感研究”。文章认为，当代服饰已经承载了多种功能了，其中之一，就是情感因素。她进一步阐述道，情感因素在生活中无处不见，无论是什么场合、什么环境，在所有人的身上都存在着。而服饰，正是体现这一情感的重要载体。因为人的穿衣打扮与人的气质有着密不可分的关系。“情感就是自我的感受。情感性即情感产生、表现和体验的过程，它表明了人在社会交互作用中的地位。自我感受是生动的情感过程的结果。”那么说到穿衣打扮与人的气质，当然是有关联的了。一个人由于长期受某种条件的影响，形成了相当稳定的个性特点，而这些特点，通过穿着，是可以体现出来的。这种体现不是刻意的追求，而是一种自然的流露。人作为服饰的创造者、穿着者和宣传者，同时也是服饰的直接受益者，穿什么样的衣服适合于自己的意愿，这就是服饰的审美。

阿玉的文章有相当的水准，这我能意料得到。同时我也在思考，人在什么样的环境和心境下，才能享受服饰审美呢？显然，在阿玉的童年和少年时代是不可能的，那时候的生活还不像现在这么富足，这么丰富多彩，人们只是解决了基本的温饱，对于服饰文化和服饰审美，还没有充分的思考和体验。常言说，人靠衣装，佛靠金装；三分长相，七分穿戴，就是说，不管男人女人，只要衣着得体漂亮，就会增添几分精神。我想，随着人们生活的日趋多元和丰富，人们对于服饰的追求，也会更加多样。

写到这里，窗外已是夏天的景象，街头人流中，已经展示出了夏装的缤纷和异彩。

二、笔记本记录着搬家的故事

孙老师其实不是老师，他在一个区级小机关里做办事员，四十七八岁的样子，正当盛年。可头发歇了顶，加上一副斯文的样子，就很像学者了。对于一个“学者”，你不叫他老师，能叫他什么呢？孙师傅、老孙、小孙、孙先生，显然都不太合适，也有点不够尊重的意思。叫孙老师最恰当不过了。

孙老师从前也不是没有学问。在上世纪80年代初期，他是一个狂热的文学青年，订了好几种文学杂志，还参加过《文学青年》的写作班，写过诗，写过小说，写过民间故事，写过报告文学，也写过电影文学剧本。这么说吧，凡是和文学扯上边的，他都写过，给80年代初很有名气的杂志投过不少稿子，《文学青年》杂志社的老师也给他的作品上画过圈圈打过杠杠。不知什么原因，孙老师虽然一直做着文学的梦，可在写作上始终没有开窍。写着写着，写了十多年，终于灰了心，收笔不写了。这已经到90年代后期了，文学不热了，他也冷了——年近四十，没人关注他了，错过单位无数次提拔的机会，由一个文学少年，成长为无所事事的中年人。

蓝天下的城市

孙老师虽然没成为作家，但养成一个很好的习惯，就是写日记。

有一天我在他办公室喝茶，说闲话，说着说着，就说到了文学。孙老师被文学“毒害”太深了，他神往地说：“这辈子，我就文学这一个情人了，虽然文学这个情人无情地抛弃了我，我对她依然一往情深。”孙老师有些伤感地打开柜子，拿出一摞日记本，继续道：“因为热爱文学，我才坚持写日记，现在看看，这些日记，一点价值也没有了。那天搬家，差点被我扔掉，后来我没扔，是想最后看它一眼……小陈，你要觉得还有点用，送给你做个纪念得了。”我觉得这是一份厚礼，日记里不仅记录着一个文学青年的梦，也一定有社会学上的含意。

我很有兴趣地收下了这摞清一色淡绿色封面的日记本。

继续喝茶，继续聊天，聊着聊着就扯到了房价。说到房价孙老师就失去斯文的气派，开始一声声地骂娘，说这房价也太不靠谱了，疯长，一月一个样。不过骂归骂，我看出来，孙老师的脸上还是有些得意，他果然说了：“幸亏我前几年高瞻远瞩，拉账借款买了房子，老房子还留在手里，出租，要不还真吃不消。”

我顺着他的话说：“那你不得了啊，两套房子。”

孙老师这时候才显出他狡黠的一面，“没有没有，我把房子卖了，又搞了个大套的，阳光排房哩，上个月才搬的家。”

我相信，孙老师虽然在文学上有些痴，在别的方面却精得很。

我把孙老师的日记本带回家，慢慢翻着，渐渐地，看到孙老师更加清晰的身影，特别是孙老师关于住房和搬家的那几段日记，倒是有些精彩的意味。我把它摘录出来，从中可以看出孙老师在住房上的变化，从小里说，是孙老师个人及家庭的迁居史，从大里说，也可以说是我们这代人的迁居史——

1983年3月16日，晴

我终于逃出了集体宿舍。

几个月的集体宿舍生涯，真让我受不了，看书看不进去，写作还让他们奚落。这下好了，我有一间属于自己的房子了，虽然是租的，虽然看上去破旧不堪，但毕竟是我一个人的天地了。我不再听到阿三没完没了的放屁了，不再听小赵夜里的磨牙声了，不再闻小王的臭袜子味了……我要好好利用我的空间，认真读书，勤奋写作。等着瞧吧，要不了多久，我就成为一个名作家了。

1983年3月17日，晴转多云又转阴，傍晚时有小雨

我要赞美一下我这间小屋了。屋小，十平米，能搁一张桌子，能放一张床，因此我

海滨新城

很满意。我可以躺在床上构思，坐在桌前写作。

屋里有一根电线杆，哈，有意思，这根电线杆，就像一棵树，从屋子里“长”到了外头，它会把我的思想也带到天空吗？

我还要给小屋起个名，就叫“调不开屁股斋”吧。哈哈，虽然调不开屁股，却是文思绕梁呢。

我构思已久的短篇小说明天决定开工。

1983年3月18日，大雨

这雨还真下了。昨天晚上还只是小意思一下，夜里就张狂起来了。

睡梦中，老听到屋里有一种“答答”声，以为有老鼠什么的，起来找一会儿，没有找到。后来这声音越来越响，又找，发现了，原来是伸出屋顶的电线杆上，淋下来水了。

这雨漏的，找盆接都不好接——它是顺着电线杆流下来的。

屋里已经汪上水了。怎么办呢？要是下几天，我这小屋就成一个水塘了。后来我动了个脑筋，把毛巾撕成条，勒在电线杆上，留下一个“尾巴”伸出来，底下放一只脸盆接着。还好，我的发明成功了，顺着电线杆渗下的雨水，叫毛巾吸纳之后，又流到了脸盆里。可这样能救得了小屋吗？

1983年3月20日，阴

雨倒是停了，讨厌的是，我的小屋成了泽国——昨天又下了一天，因为上班不在，电线杆渗下的水越来越多，终于在我的小屋里形成规模。我说房东怎么这样便宜就租给了我，原来是这样。

累得我晚上像孱鱼一样，把积水一盆一盆端出去。

庆幸的是，我桌上的稿子还没被雨水淋湿。

1983年7月13日，大雨

这回闹大了。

发大水了。上午的瓢泼大雨，把我的屋里漫上了膝盖深的水。我搬来快四个月了，第一次碰到这么大的灾难。

中午我出去观察一下，发现下水道还在往上翻水。我屋里的水看来一时半会儿下不去。

这一带是“棚户”区，屋都是低矮破旧的那种老式平房，还是本世纪初盖的。下水道更是简陋而破败，只是在各条小巷里埋设水管而已。听薛大妈说，这地方真不是人住的，每年都要发几次大水。

这种感觉可不好了，影响我心情了，我不怕热，不怕蚊子，可这水患，怕苦我了。我总不能坐在水里写作读书啊。

看来这里不便久居，得找房子搬出去了。

1983年7月28日，晴，大热

在如此高温下搬家，也只有我能干得出来了。

可不搬不行啊。我新搬的这地方，叫民主路王巷，这一带地势较高，下雨不会翻水。这一点，王巷的人都说没事的。

这间屋子贵了点，月租金要五十块钱。不过面积也大，有二十多平米。可我一个单身汉，要大面积干什么呢？如果一张桌子和一张床就够了，那剩下的面积，不是白白浪费了嘛。

苦恼！

郁闷！

1983年9月7日，晴，有风

开心不起来——又退稿了。讨厌的是，退稿信叫小郭看到了，她一定知道我在写小说。她一定在笑话我。哼，总有一天，你会崇拜我的！

退稿倒是不怕，可怕的是，近来写作也发生问题了，老是受干扰。隔壁天天打麻将，夜里也不得清闲，还吵架，烦死了。

这世界，哪里能安放一张书桌呢？

真想自己有间房子。

1985年1月14日，晴

天气真冷，冷得我发抖。

一晃，我搬来已经一年半还多了。我是哪一天搬来的？算了，不去翻日记了。反正我住这地方也住烦了，屋子背阳，终年不见阳光，屋里屋外一样冷。天气预报说，明天阴天，后天有雪，小到中雪。

要能搞个炉子就好了。

文学真好，她就是我的小手炉。每每想到文学，我就不感到冷了。

要过年了，争取在年前把这部中篇写完，投给《收获》。

没稿的事，告诉不告诉小郭呢？

1986年5月4日，晴

今天是五四青年节，团支部组织活动，小郭让我去参加。我没去，我回来抄改了电影剧本《我爱家乡的小河》。

小郭当团支部书记了，我真看不习惯她神气活现的样子。不过这女孩子也许不坏吧，谁知道呢，反正我不会爱上她的。不过她上午透露一个消息，还挺重要，说单位跟区房管所要房子了，如果今年准备结婚，就可以申请。

可我连女朋友都没有，跟谁结啊。

小郭好像也没男朋友，她也要不到房子了。同病相怜，哈哈！

1986年6月12日，早上阴，下午雷阵雨，傍晚时晴天，较凉爽

和小郭去看了场电影，老片子，《魂断蓝桥》，在公园露天电影场里。

小郭对我有意思。我觉得她太矮了，要是再高两厘米，有一米六就好了。可我也不讨厌她，看电影的时候，她胳膊碰到我了。

她问我好几遍我租住的房子，还要到我的出租房来参观。

我让不让她来呢？

1986年10月8日，阴，有风

小郭说我们的房子基本定了。真是太好了，虽然是旧房子，虽然只有一间半，那也是自己的啊。

小郭说拿到房子，春节就结婚。

我也不小了，二十五岁了，到年就二十六了。小郭比我小一岁，我们俩加在一起四十多岁了，也该结婚了。可我怕结婚以后，耽误我搞文学创作，这一点，我得跟小郭摊牌，要取得她的理解和支持。毕竟文学是我一生的梦想。

1987年1月8日，晴

终于有了属于自己的房子了，太开心了。主任说我是双喜临门，找了老婆，又分到了房子。是啊是啊……

1997年6月27日，晴

房改了。我这一间半的破房子，要不要呢？听说很便宜，才几千块钱。可那些住两室一厅或三室一厅的家伙，万把块钱就买一大套，不是更讨便宜了嘛。

这间小破房住了十几年了，烦死了。

在家不想出去，上班不想回家。真窝囊！

小郭说得对，我这十几年，的确也没干正经事，天天写那些破文章……都是这个叫文学的给耽误了。

再见了文学！

我想要一套大房子！

1997年12月2日，晴

听小郭的没错，这套房子虽然位置有些偏，但两室一厅，七十八点五平方，够住的了。只是女儿要单独一间，我想搞一间书房的计划又落空了。跟小郭商量一下，做两只像点样子的书橱，把书房安置在客厅。

唉——想到书房，心里还有些怅怅的。书读了不少，写了一柜子文字垃圾，人生就过来了一半。

好在，终于有一套心仪的房子，此生足也！

2002年4月21日，晴

小郭昨晚又跟我商量房子的事，说某某换大房子了，三室两厅的，要多气派有多气派；又说某某换了别墅，住在什么什么花园，过上了富人生活。

我当然也红眼大房子了，可我挣不到大钱，靠工资省这一点，够寒碜的了。小郭做我老婆也十七八年了，她从没抱怨过，倒是我，常常骂社会不公，常常骂人生无常，早几年，还怪文学误了自己。这几年生活好，工资也高，业馀也有点小钱入账，是该换套大房子了。多年没有实现的书房，也该落到实处了。所以我举双手赞成老婆的建议。只要交了首付，还有还贷……还就还吧，生活稳定，收入稳定，有点贷款压力，也未尝不是一件好事。

2004年12月22日，晴

今天拿到香溢小区新房的钥匙了，下午和老婆去看了，房子真大，有一百六十多平方，三室两厅两厨两卫。本来要兴奋一下的，可不知为什么，兴奋不起来。老婆开恩，说要把最大的那一间让我做书房。都到这时候了，要书房有什么用呢？我还读书吗？读了又有什么用？二十年前，我要是有这间大屋，我说不定就能写出好作品了。可那时候我住在哪里呢？前不久我去我第一次赁屋居住的地方看看，那里早就面目全非了，现在是一个新式的小区，再也不见当初的模样了，可那儿有我的理想啊，我的文学梦就遗落在那里了。

好房子住上了，大房子住上了，人却空了。不行，书还得读。这叫提高修养嘛。

2005年5月2日，晴

今天是五一长假的第二天，这一天具有重大的历史意义——我再一次搬进新居了。老婆真舍得，光装潢就花了七八万，还把我书房的四壁全做了书橱。多年来，我那些无处安放的书，终于能够呼朋唤友、类聚群分了。

这两天我天天都在整理书，这些跟着我搬了无数次家的书，好像都在跟我说，你怎么不读书啦？你怎么不写作啦？环境好了，心情应该更舒畅啊。

是啊，在写作上我是没有出息了，但梦想不能丢，我想我该收拾一下心境，从头再来一次。

孙老师的日记一共十六本，基本上是一年一本。我花了三天的时间，把他的日记翻完了。孙老师的日记都是些流水账，没有什么大事件。当然也涉及一些人，但那些是我兴趣不大的，倒是他关于写作和迁居的这些记录，很有点意思。我选择了一下，抄在这里。从他的日记里，我看到的不仅是孙老师个人的变化，也可以说是一代人的缩影。

孙老师梦想中的书房终于实现了。在写这篇文字时，我给他打了个电话，问他干什么了。他兴奋地说："干什么？连我自己都吃惊，我在写博客！"

我突然觉得，孙老师的这些日记，不该由我保存，我应该还给他。

河畔新居

三、自行车变奏曲

我步行在通往平明的黄沙道上。

前后很远的地方不见人迹。

阳光下，我的影子异常孤独。

偶尔有一辆“十轮卡”从我身边飞驰而过，卷起的尘土漫天飞扬。

如果前边很远的地方出现一个骑着自行车的人，我都要睁大眼睛仔细观察——那个年代，骑自行车的人不多，从平明方向骑车过来的更为稀少——那是一个偏远而穷困的乡村集镇。我父亲就在这个集镇的供销社上班。每月都要有那么一两次，父亲骑着供销社的公车，回家看看。有一次我在去平明的路上，就曾经遇到回家的父亲。他没有调转车头把我带回供销社，而是把我抱上了自行车前杠，和他一起回乡下的家里。

所以，在通往平明的黄沙道上，我既希望碰到父亲，又害怕碰到父亲。前者让我能够看到久违的父亲，而后者会把我带回家。我不想回家。我很想到父亲所在的供销社废品收购站里玩。那里有成捆成捆的旧书旧报，有堆成小山一样的各种动物的骨头和一箱箱破铜烂铁，对我来说，这些垃圾充满鬼魅般的魔力和无限的神秘。

街景

就这样，我步行三十多里路，来到平明，来到废品收购站。

父亲在废品收购站后院的一堆碎玻璃旁边擦拭一辆自行车。

我一眼就看出来，这辆自行车不是父亲经常骑回家的那辆公车。那辆公车是天津产的“飞鸽牌”，龙头把是羊角形的，简称“羊角把”，车圈的电镀和辐条也闪闪发亮。而这辆自行车，比飞鸽牌自行车要笨重一些，大杠上有焊接的痕迹，几个大件新旧不等，搭配也有失统一，两只钢圈更是锈迹斑斑，只有一个部件是新的，那就是龙头把上的铃铛。我父亲拍着自行车龙头，对我说，我的车！说完，还把车铃摇得当当响。

父亲的口气里充满自豪。他把自行车铃摇得哗哗响，是他自豪感的升华。

父亲对我的到来并没有表现出多少吃惊或亲密，而是蹲在地上，一边抽着烟，一边欣赏着他的车——在那一刻，拥有一辆自己的自行车，肯定比我的突然到来更为新奇和重要。

我家的吗？我疑惑地问。

父亲肯定地点点头。

和大多数中国人一样，对于自行车，都有着太多的记忆，有着太多的话要说。在相当长的一段时间里，它不仅是代步的工具，还是一种身份、地位和权力的象征。

这辆许多零件都经过打磨、焊接和改造的杂配自行车，是父亲从废品堆里选出的零件装配而成的，它成了我家的第一辆车。这简直是一个奇迹。那个年代，自行车是要票券的，特别是永久、凤凰等几大名牌车，更是一票难求。而这些车，都是城里人才配拥有，农村是看不到一辆私有自行车的。我们家能有这样一辆无牌的灰暗而破旧的自行车，在很长一段时间里，成了我炫耀的资本——父亲只要回家，我就把自行车推出来，在村子里穿行。我一只脚踩着脚踏拐，另一只脚在地上蹬，顺着惯性，可以站立在脚踏上滑行了。经过这样长时间的滑行，我学会了“别大杠”。这种骑行，是身高不够的孩子们惯常的骑法。每当我在村上炫耀自己车技的时候，在我身后，都要尾随着半个村庄的孩子们，他们和我一般大小，跟着自行车呼啸着奔跑。

我家自行车，成了孩子们的教练车，他们一个一个学会了骑行。多少年过来了，我不知道他们是否记得当年的那辆杂配的无牌自行车。

我自己拥有第一辆自行车，是在80年代初，我在我们镇的水泥制品厂工作。头两个月的工资我一分没花，但还远远不够买一辆自行车。我母亲又给了我三十块钱，加上哥哥的资助，我终于买了一辆常州产的“长征牌”加重自行车了。我当然想买一辆“永久”或“凤凰”了，但那是紧缺商品，根本搞不到票券。一辆新“长征”，已经让我特别满足了。

我就骑着这辆自行车，走上了我单独闯荡人生的漫漫旅程。

第一次骑着这辆车上县城，是看电影《我们的田野》。我把自行车停在电影院门前广场上，交了二分钱给看车的老太，钻进了电影院。可能是我来得太早，电影院里空空荡荡只有几个人，看情形都是情侣吧，他们穿着时髦的喇叭裤，怀里抱着笨拙的双卡录放机，听邓丽君的《小城故事》和《美酒加咖啡》。

对于城里人，我最初的印象，就是喇叭裤和双卡录放机。

电影结束后，当我随着人流来到电影院门口，我惊呆了，广场上，密密麻麻地排满了自行车。我停车时还是空空荡荡的广场，这时候成了自行车的海洋。许多人手拿钥匙，在自行车的海洋里钻行，寻找属于他们自己的那一辆。我一下子迷茫了，不知道哪一辆自行车是我的。这些清一色的黑色自行车，似乎哪一辆都是我的，又都不是我的。我怕我的自行车被别人推走，赶快在“海洋”里寻找。我发现，找一辆自行车是多么的不容易。我首先辨认商标，然后是新旧成色，我的自行车是长征牌，新的。可是，新的“长征”有无数辆，而且连车锁都是那么的统一。我的车钥匙刚要捅一辆，已经有人抢先捅开了车锁。直到最后，在一棵法国梧桐树下，才找到我的车。我的自行车，是被多事的看车老太移动过了，她也是好心，目的是让自行车排列更为有序。

我对城里人另一个印象，由喇叭裤和双卡录放机，又增加到满街穿行的自行车了——上下班时的街头车流，让我想起春天河流里的蝌蚪，黑压压成群涌动的蝌蚪。

有了这次教训，我跟我一个同学要了一些电影旧胶带裹在前杠上，底子衬上了电影《小花》的海报。我的自行车立即就变了副女性面孔。有一天，一个邻村的女孩对我的自行车充满好奇——她是我妹妹的同学，此时正在县城高考补习班读书，她戴着一顶硕大的草帽，惊讶地看着我。我认识她，她站在我家村后的路上对着窗户喊过我妹妹和她一起上学，她也在我家院子的水缸里舀过凉水喝，她还经常和我妹妹一起待在我妹妹的小房间里嘀嘀咕咕半天不出来。但她从未和我说过话。此时，她站立在空旷的桥头，穿一件白色的长袖衬衫，惊讶地看着我，我也只好从自行车上跳下来，我莫名其妙地跟她笑着。她脸红了，说，你的自行车？呀，真漂亮。

原来她只是看到我漂亮的自行车了。

不知为什么，我突然羞愧起来。我真后悔把前杠上裹得如此花花绿绿了。但是遮掩已毫无意义。我大着胆子邀请她坐我的“二等车”。我还想，如果她愿意，我可以把她送到县城，一直送到她就读的学校。

她愉快地接受了我的邀请。

在那年夏天，两个毫不相干的异性青年，骑着一辆自行车，飞速行驶在被绿树掩盖的乡村公路上。

但她只允许我送她到汽车站，然后说了句感谢的话，就跳上了恰好进站的一辆蓝色公共汽车。

后来她又借过我一回自行车。那天应该是星期六，我正在场地上搅拌水泥，她来了，说要借自行车回家，第二天下午还给我。我没有过多的思考，就把自行车借给了她。当然，她也按时还了车。再后来的许多个星期六，我都希望她再来借车，可她一直没有来。从那次之后，我们很多年没有见过面，听说她转到了另一所中学，又听说她考上了一所和医学有关的学校，毕业后分配在一家乡镇医院工作。

若干年以后，我已经来到市区工作了。这辆自行车也跟着我来到了市区，它早已经不是新车了，很多部件都做过更换，轮胎更是换了好几茬，但它依然结实、耐用，有好多次，我都骑着它回到百里之外的家里。有一年中秋节，单位分了两筐苹果，我把两筐苹果绑在车架的两边，沿着蔷薇河大堤骑了两个多小时，把两筐苹果安全地运到家里。

这辆自行车跟着我转战于城乡达十年之久，是我人生旅途上的好伙伴，我喜欢它，同时也有点厌烦了，它是太老了，能换的零件几乎都换过不止一次了，每一次修车的时候，我都对自己说，下次如果再坏，就把它扔了，换一辆新的。但每一次我都食言了。直到有一天，它被一个偷车贼骑走，这辆自行车才正式和我分手，购买新车的计划才得以实现。但现实既令人欣喜也使人感伤，我接连购买的两辆新车都被小偷骑走了，一辆是大桥牌单支腿轻便车，一辆是十二变速的跑车，特别是漂亮的跑车被偷，让我难受了好几天。但没有自行车显然是不行的，虽然许多人已经骑上了摩托车，比较而言，我还是更倾向于自行车。而这时候的自行车，可供选择的牌子更多了，你都不知道什么牌子的更好，价格比较于别的商品也算便宜。所以，我一直喜欢以自行车代步。

随着城乡交通的便利，我不再骑自行车回乡下的老家，公共汽车很便利地通到我家乡的镇上。从镇上到我们村子大约有三四里，也有三轮车可以乘坐，但我大部分时候都喜欢走走，不太宽的水泥路很是平整，路边的庄稼长势喜人，小河里流动着清澈的河水。有熟人骑着自行车或摩托车从我身边经过，热情地要带我一程，都被我婉谢了。

1998年，我回乡下看望父母，走在家乡的村道上，心里也和天空一样明亮。有一辆摩托车从我身边过去了，却在不远处停了下来。骑车人转过头来望着我，我猜想，又是熟人吧。可我并不认识她。她有些胖，衣着朴素，正扶着车把跟我笑，样子是快乐和惊喜的。她认识我吗？我想。

对方说话了。她一说话，我就听出来了，原来是我妹妹的同学。

她笑笑地说，你不认识我啦？我还借过你自行车哩。

是啊，十六七年了，或者更长，难得她还记得。其实我也记得。我还记得她喜欢戴一顶宽边的大草帽。此时，她骑着一辆“大踏板”，要带我一程。我犹豫一下，摇摇头，说快到家了，不用的。她继续笑着，说你常回家啊？我说不常回。她说你下次要是回家，到我那里借车子用，不碍事的。我谢过之后说，如果需要，我会去借的。她显然非常开心，跟我道声再见，骑着摩托车走了。

世界变化真快，如今，满街少见有自行车了。私家车增速很快，有驾照而准备买车的人更是不计其数。

在私家车夹缝里来往穿梭的，是一种电动自行车，又叫助力车。我们家也有一辆，但我从来不骑。我连普通的自行车都不用了。城市的公交车相当发达，如果我出远门，我可以乘车前往；如果在很小的半径内活动，我选择步行，一方面人到中年，喜欢走走路，另一方面，也是对满街的车流有种恐惧感吧。

有一天，自行车会退出历史舞台吗？那黑色的、风靡一时的“永久”、“凤凰”、“长征”、“飞鸽”等品牌车，也像人生一样会消逝吗？我不是个怀旧的人，但我很想在数量不多的自行车队伍里，发现一辆“永久”，或者“凤凰”。

城市中心街头

四、老莫的野菜宴

关于老莫，和他的野菜宴，完全是一个传奇。

老莫的一生，真的和野菜结下了不解之缘啊。

老莫在他长身体的少儿时期，缺吃少穿——穿是衣不遮体，吃是挖野菜也当粮。上世纪60年代，他当兵离开家乡之前，身高才一米五几，体重八十来斤，精瘦稀黄，那是野菜吃出来的。老莫兄弟姐妹多，家里的口粮不够吃，他就每天带着弟弟妹妹们下湖挑野菜。老莫的母亲是个贤惠能干的女人，她把子女们每天挖回家的好几篮野菜择干净，做成一锅锅菜饭，总算让他们填饱了肚子。老莫从小就饿怕了，逮什么都“死”吃，野菜饭也不例外，从此吃坏了胃口，闻到野菜饭的味就想吐，看到野菜就犯晕。但，那个年代以保命为主，是衣遮体，是饭充饥，肚皮饿了，就没资格挑嘴，逮什么也得吃啊，哪怕吃过就吐呢。

老莫后来身体长高到一米六十几，那是在部队大米饭白馍馍养出来的。

有了馒头和米饭，老莫就发誓这辈子再也不吃野菜了。

最初的若干年，老莫只干两件事：拼命吃饭，拼命训练（工作），这两件事很对他的路子，长了身体又提了干。80年代初，以正营级干事转业到地方工作，成了某单位的领导人之一。

老莫改变对野菜的不良印象，说起来还是因为一次荠菜饺子。

那天他下班后，爱人煮了一锅饺子。老莫喜欢吃肉馅的，可这次，不是肉的，一口咬下去，青菜的。是什么青菜呢？他也没吃出来，细细品品，味道不错，青菜里有切碎的海米和新鲜的蘑菇，也算得上三鲜了。老莫不管三七二十一，还是从前的一贯作风，一口气吃了两大碗。吃完了，嘴一抹，午睡去了。

又过几天，爱人又包饺子吃了。这回是肉馅的。可老莫吃着吃着，放下了碗，回忆那天的荠菜饺子，说，怎么没有上次好吃啊？

爱人知道他小时候吃野菜吃伤了，也不敢说上次是荠菜馅的，就说，你不是喜欢吃肉馅的嘛，我还专门多放点瘦肉呢。

老莫品咂着肉饺子，说，那天的菜饺子好吃，下次再包一回吧，那口味挺好的。对了，那是什么菜啊，我怎么没吃过啊？

爱人含含糊糊，欲言又止。

老莫性子拧，老婆越是这样，他越要弄个明白。在他的再三追问下，爱人也只好实话实说了。老莫一听是荠菜，顿时就反胃，放下手里的饺子，吃不下去了。

爱人说，看看，看看，我不说你偏让我说。

事情过了几天，老莫自己带回了一袋青菜回家，喜形于色地对爱人说，你看我买到什么菜啦？荠菜，多新鲜啊，晚上包饺子吃啊。

老莫买回的荠菜，真的是棵大，水嫩，叶子多，不像是野地里挑来的。老莫说，我认出来，这荠菜是野的，是混在麦地长大的。

爱人说出了心中的疑问，你不是不能吃野菜吗？

是啊……那是以前的事了。这些年，大鱼大肉可能是吃腻了，换换口味——人都是变的嘛，再说，也不知道荠菜会是那么好吃嘛。

那天，老莫等不得晚上的饺子了，亲自下厨，把荠菜洗净，放在小竹筐里淋水。老莫看着刚离水的荠菜相互挤在一起，一会儿就舒展开了叶子，蓬蓬松松，青梗梗，绿茵茵，水淋淋，赏心悦目真是好看。老莫突然心血来潮，他用开水焯一下，切碎，配上切成细丝的茶干和切碎的海米，又适当放点精盐，拌少许滴醋和麻油，自己倒杯黄酒，喝了一顿，那荠菜，入口鲜爽，和小时候完全是两回事了。

至此，老莫对野菜的看法有了改变，但也只局限于荠菜。老莫想到别的野菜时，七七芽啊、水须苗啊、马兰头啊什么的，胃里还是犯酸。

单位年年搞例行体检，老莫都是身体健康。为此老莫连着得意了好多年，认为自己的身体特棒。可突然有一年，他身体里出问题了，三高：高血脂、高血糖、高血压。老莫拿着体检单，精神一下就垮了，怎么会这样呢？好好的身体，突然就三高了，一点迹象也没有，你要是一个一个高也行啊，各个击破，还好调理。这倒好，像是约好似的，一下就包围了过来，让他连还手的机会都没有。

医生给老莫的忠告是，不喝酒，不抽烟，少吃荤，多吃粮食和蔬菜，特别是野菜。

前几项，老莫还能接受。老莫喝酒本来就没瘾，都是单位有应酬才喝的。烟，老莫是不抽的。少吃荤，也不是不能做到。多吃粮食和蔬菜，这有什么啊。就是最后缀上那一句，野菜，老莫犯起了嘀咕，小时候叫野菜吃伤了，几十年忌讳的东西，怎么能一下子就接受呢？老莫为此专门查了有关资料，还买了几本关于饮馔方面的书，什么《饮食本草》《蔬食斋随笔》《随园食单》等等，认真研究了起来。心得自然是得了不少，也知道野菜确实有利于高血压、高血脂的调理。但多年的习惯，让他难以改变。

那么，就从荠菜吃起吧，慢慢再添加别的野菜。

一时间，工作上退居二线的老莫成了荠菜宴的专家，发明了好多种吃法，冷拌荠菜就不用说了，什么荠菜豆腐、荠菜冬笋、荠菜圆子、荠菜春卷、荠菜粥等等十数种，还搞了个荠菜饮，一时间，在他周围聚集了好几位退休或即将退休的“三高”患者，弄得报纸还对他进行了采访。

老莫曾经是我的领导，由于这篇文章的原因，我也去采访了他。通过他的叙述，也让我对荠菜产生了好印象，禁不住翻书，查看了许多资料．发现荠菜还真不是一般的野菜。

还记得早先读诗经《谷风》时，对其中的一句不甚理解——“谁谓荼苦？其甘如荠。燕尔新婚，如兄如弟。”荼，就是苦菜，我们这里叫苦苦蘲，幼苗时的长相和荠菜十分相似，但长大就完全不一样了。事实上，苦苦蘲属于菊科，而荠菜归十字花科；苦苦蘲的叶和茎里都有白色的浓汁，味奇苦，粘到手上就变成黑色，不容易洗，女孩子要穿漂亮衣服，特别是白色的，最怕碰上苦苦蘲的汁液了。

苦苦蘲和荠菜都是上等野蔬，前者的特性是汁液苦涩，吃时需要挤去苦汁，而后者谦和味甘，新鲜无比，怎么吃都好吃。对这两种植物的美学特性了解了，也就不难理解《谷风》了——人生在同一个舞台上，既神秘快乐又苦涩无常，就如同这位被遗弃的女子所唱．苦菜虽苦，其滋味，也和荠菜一样甘甜啊。

关于荠菜，许多典籍资料都有记载和描述，远的如西晋，就有文人夏侯湛写了一篇《荠赋》，这可能是关于荠菜的最早的散文了。“见芳荠之时生，被畦畴而独繁；钻重冰而挺茂，蒙严霜以发鲜。舍盛阳而弗萌，在太阴而期育……”之后，又有南北朝齐人卞伯玉《荠赋》，对荠菜大加褒赞：“终风扫于暮节，霜露交于杪秋，有凄凄之绿荠，方滋繁于中丘。”苏东坡写的《菜羹赋》，也是把荠菜当做菜羹的重要配菜而大加赞颂。

除上述而外，数得着的诗文，还有陆游《食荠十韵》：“舍东种早韭，生计似庾郎。舍西种小果，戏学蚕丛乡。惟荠天所赐，青青被陵冈。珍美屏盐酪，耿介凌雪霜。采撷无阙日，烹饪有秘方。候火地炉暖，加糁沙钵香。尚嫌杂笋蕨，而况污膏粱。炊粳及鬻饼，得此生辉光。吾馋实易足，扪腹喜欲狂。一扫万钱食，终老稽山旁。”陆放翁还有许多首七言绝句也说到了荠菜，比如：“不着盐醯和滋味，微加姜桂助精神。风炉歙钵穷家活，妙诀何曾肯授人。”“日日思归饱蕨薇，春来荠美忽忘归。传夸真欲嫌荼苦，自笑何时得瓠肥。”“采采珍蔬不待畦，中原正味压莼丝。挑根择菜无虚日，直到开花如雪时。”扬州八怪之首的郑板桥也有吟咏荠菜的佳句：“三春荠荬饶有味，九熟樱桃最有名。”我市科普作家吴舟还专门写了一本《荠菜及荠菜园艺》，“对荠菜园艺、美食、药疗、文化诸方面进行古今纵谈，融学术性、知识性、实用性、文学性、趣味性为一体”，是一本饶有趣味的好书。

荠菜的种类大约甚多，仅海属地区，我见到的就有四五种，叶厚汁多的为佳品，最不好的，就是那种叶细长、叶上生小齿如须、汪曾祺说“过于细瘦如一团乱发”的那种。

李时珍考证得更为详细："荠有大小数种。小荠叶花茎扁，味美，其最细小者，名沙荠也。大荠科叶皆大，而味不及，其茎硬有毛者，名菥，味不甚佳。"清人王鸿渐在《野菜谱》中，更是把荠菜分成江荠、窝螺荠、倒灌荠、蒿柴荠、扫帚荠、碎米荠，还插有好看的图录，并配有歌谣："江荠，生腊月，生熟皆可用，花时不可食，但可做羹；窝螺荠，生水边，正月、二月采之，熟食；倒灌荠，生旱田，上无雨露下有泉，熟食，亦可做羹；蒿柴荠，正、二、三月采，叶可食；扫帚荠，春采，熟食；碎米荠，三月采，止可做羹。"也是清人薛宝辰，他在《素食说略》中记录的荠菜为："荠菜为野上品，煮粥作斋，特为清永。以油炒之，颇清腴。再加水煨尤佳。荠菜以开红花叶深绿者为真，其与芥菜相似。叶微白，开白花者为白荠，不中食也。"

关于荠菜的民谣，我们这儿流传不少，典型的有"二月二，挑荠菜，荠菜包饼筋拽拽，不吃不吃两三块。"还有"三月三，荠菜当灵丹"等。

荠菜一年双茬，这是许多人不知道的。包括老莫，以前也不知道，通过吃荠菜和研究荠菜，才发现这个秘密。新绿满眼的春天，田头畦畔、路旁溪边、水淋淋的荠菜一丛丛一簇簇的，是采荠菜的最好时节；而秋冬之时，荠菜和麦苗一起生长，这对一般人来说，可是个秘密。

老莫对他的发现很兴奋。但他随即自己又更正了，说不对，春天的荠菜，实则就是头一年出的苗。

通过对老莫的采访，我得知老莫现在不光是吃荠菜了，别的野菜，也是来者不拒了。他爱人为此笑呵呵地对我说，还是保命重要啊。老莫也说，野菜其实挺好的。我现在退休都好几年了……哈哈，告诉你一个消息啊，我的"三高"，已经有"两高"被我干掉了，现在只剩下高血压了，不过高血压也被我控制住了。

今年5月的某天，我在盐河边散步，在树丛的草地上看到一对老年夫妻，拎着个小花篮正在揪马菜。他们一边走一边搜索，走一走，停一停，看到秧嫩棵大的马菜，便弯下腰，掐到篮子里。我一看，这不是老莫夫妇嘛。

"采不少啦！"我过去跟他们打招呼。

"不多。"

"这不到处都是吗？"

"要找嫩苗。"

老莫把篮子给我看，半篮红梗青叶的马菜，十分喜人。

"怎么吃呢？"我问。

老莫看看我，哈哈着，连说带笑，把马菜的吃法告诉了我。原来，吃马菜可以预防糖尿病。人老了，容易得糖尿病，马菜中的去甲肾上腺素能促进胰岛素分泌，降低血糖。采摘鲜马菜，捣汁，加少量蜂蜜，用开水冲服就行了。用不完的鲜马菜，开水焯一下，晒成干，留着冬天煎水，加蜂蜜服用，每天吃两三次，是个降血压的好东西。

“管吗？”我说。

“管啊！”老莫说着，跳一下，“你瞧我这身体，呱呱叫了。”

“你有糖尿病？”

“没有，防着嘛。”

老莫爱人说：“他就是怕死，这个也防，那个也防。以前见了野菜也犯病，现在好了，什么野菜都要吃。那天见了艾蒿，他偏说是蒌蒿，差点气死我！”

“当然要防病减灾啦。现在日子这么好过，不多活几年，对不起我小时候吃的那么多野菜呢。”

此后，我还经常看到他们的身影，有时是在我们小区的花圃里，有时是在河边的草地上，有时是在菜场里，大部分时候，他们手里的器具里都盛着马菜。他们精神很好，有时候像个老顽童，手牵着手，一边走花步，一边采摘马菜，这比单纯的散步要有意思多了，关键是，在他们的心中，有对美好生活的热望和向往，有对未来日子的憧憬，有对生命的珍爱。

不久前，已经是黄昏了，我在楼底又碰到老莫夫妇。他们刚回来，花篮子里盛满了马菜。他们热情地跟我打招呼，一定要把马菜给我一把。我推辞不要，他坚决要给，说晚上做个小菜，挺新鲜的。老莫还教我怎么做，说再买三两豆芽，和马菜一起放在沸水锅里煮至断生，捞出来，沥干水分后放入盘内，将蒜泥、酱油、香醋、味精、香油调匀后浇在盘内，又简单又好吃，就稀饭一等。

林间野菜多

看着他们如此的童心未泯，如此的热心劲，我想，小小野菜，居然改变了他们的生活。

结束语

神奇浪漫的东胜神洲，历史悠久的东海名郡，辉煌斑斓的历史遗迹，独具魅力的艺苑风景，尊教敬神的古朐流风，含英咀华的物产文化……这是构成连云港历史文化和现代发展的重要组成部分，特别是近三十年来的发展变化，更是涉及社会生活的各个方面，说不完，写不尽。本书所写的，只是沧海滴水，万绿一枝。要想真正了解连云港，读懂连云港，百闻不如一见，还是希望广大读者朋友能亲自来连云港看看、玩玩，身临其境地感受一下。你会感觉到，连云港实际上是个生机勃勃的城市，是个正在成长的城市，成长的速度甚至有些嚣张，有些让人不知所措——她渗透到社会生活的各个方面，大到成片的建城区、工业区、楼群……小到人们日常生活的厨房摆设、家装衣裳，阳台上的一盆花草，餐桌上的一道小菜……

这样的变化，连云港市的各种媒体上都有许许多多的报道和介绍。随便打开连云港市的哪张报纸、哪个频道、哪个网站，扑面而来的，都是关于这个城市的变化图。若干年前，作家梁晓声来连云港，玩了几天后，深有感触地说："连云港是一本书，依我看来，当然还刚刚处在第一章的写作过程。我们对它将来的发展做出任何预测，似乎都为时过早。因为一座城市的将来，往往是超出人的想象能力的。但我们却完全可以这样说，连云港这本书的开头很棒。它的接近完成的第一章，已经有着不寻常的内容了。"是的，如今的连云港，已经完成了第一章序言部分的写作，正进入谋篇布局的重点阶段，也是这本大书的精彩华章。难道不是吗？一位叫"昨日长风"的坛友，在论坛上写过这样的词和诗：

一部西游记，云海幻神奇。石猴横空临世，定要与天齐！花艳果香溢彩，雪浪金波添色，玉女浴虹霓。风卷长堤舞，水拍夕阳低。

游胜境，赏旖旎，悟玄机。山清水秀如画，日日映朝曦。倾倒远方游客，迷醉迩来雅士，迎送两依依。且用神工斧，铸我太平基。

——水调歌头

黄海之滨水悠悠，淘尽千古到海州。
浩渺沧海生明月，明月青云照洲头。
连云人生凌云志，加快步伐坚中流。
花果山描千般秀，苏马湾里驱百愁。
弹指挥间蓝图就，亿吨大港驻沙汀。
长堤望尽何所是，豪气迸发草青青。
谈笑风中雷厉行，核电站里灯火明。
一体两翼大手笔，一心三极树典型。
从此旧貌成往事，燕鸥翱飞不敢停。
港城日渐帆万里，霓虹辉映满天星。

不敢说词和诗有多么的工整，但描述至少是真诚、形象和恰如其分的，基本概括了连云港普通百姓的心声。

是的，这就是我们日新月异的连云港。

但是，作为一个写作者，在只有两个多月的时间里完成这本书稿，还是有些匆忙的，问题和缺陷不会少，心里一直有些惶恐和不安，真诚希望读是书的朋友们，能飞柬相告，批评指正，如他日重印，秋风落叶，逐一捡拾。在此先期谢过。

众所周知，连云港是本大书，古往今来，有多少文人豪客书写过她，以各种形式赞美过她，近现代就不说了，仅2005年出版的一套《文化连云港丛书》就有十一巨册，基本涉及连云港文化的各个方面。在翻阅这些书籍的时候，也让我对本书的写作产生了畏难情绪。超越就不敢说了，如何绕开这套丛书，如何用自己的眼光看待连云港的发展，特别是近三十年来的变化，是摆在我面前的一大难题。加上中国青年出版社给本书规定的“三不”（不能写成一部文史资料，不能写成一部旅游手册，不能写成一部城市发展白皮书），一度让我更是摸不着头绪。好在该书责编龙冬先生几番启示，并多次指点，终于选择了现在这样的模式，也算是一种尝试吧。

书稿即将付梓，要感谢的人自然很多，连云港市市委领导张光东先生，在百忙中对本书的写作进行多次指导；连云港市委宣传部副部长李锋古先生，亲自审查书稿并多次指导书稿的写作和修改；连云港市文联主席杨浩先生也对本书的构思和写作进行过多次指导；市旅游局党委书记、局长李道莹先生、文联副主席武传玉、张文宝两位先生和市委宣传部文艺处蔡骥鸣处长、市文联陆美华女士也给予多方面的关照。

还要感谢老摄影家许金芳先生，不辞辛苦地拍摄了大量的照片。感谢刘洪石、骆玉宽二位老师，为本书提供了部分参考资料。赵匡民先生为本书的旅游章节提供了部分参考文字。陆瑞萍女士为本书撰写了第二章第四节“港城三处读书台”。东海县文联的吕宏主席、张守忠秘书长、连云区委宣传部周永刚先生、新浦区委宣传部李敬伟先生，也给予多方的关照。

2008 年 6 月 20 日晨于连云港河南庄